일제에 맞선 페미니스트

일제에 맞선 페미니스트

◆ ……… 억압과 멸시, 굴종에서 벗어나 해방을 꿈꾼 여성들 ◆

이임하 지음

철수와영희

아무도 기억하지 않지만
봄날 햇살처럼 아름다운 역사

일제강점기 식민지 일상에 맞선 여성들의 이야기를 담은 『조선의 페미니스트』를 쓰고 나서 이들의 삶에 빠져 곧장 두 번째 권을 쓰려고 했다. 다른 작업을 한 탓도 있지만 막상 쓰려고 하니 커다란 장벽이 앞을 가로막았다. 우봉운과 김명시는 『조선의 페미니스트』 작업을 할 때 정리한 덕분에 쉽게 접근할 수 있었지만, 이경선과 이계순은 도저히 쓸 수 없었다. 자료 찾기가 너무 힘들어서 이들의 생애를 정리할 수 있을지 의문이 들었다. 단념하고 한동안 작업을 하지 않았다. 컴퓨터의 바탕 화면에 널브러져 있는 자료들을 정리하고 매듭 지으려 했다.

그러다 2015년 낙서에 『조선의 페미니스트』를 쓰는 일이 '꿈들 중의 하나'라고 적혀 있는 것을 보았다. 가만히 생각해보니 2019년에 이 책을 출간함으로써 그 꿈을 실현했던 것이다. 보관하려고 정리하던 자료를 출력해 읽으면서 '할 수 있는 데까지, 다시 해보자'고 다짐했다. 그렇게 『조선의 페미니스트』에 이은 두 번째 작업을 시작했다. 이번에 소개할 여성들은 지금까지 역사에서 거의 알려져 있지 않은 이들이다. 김명시 정도가 한 시민단체의 끈질긴 노력 탓에 2022년에 독립운동 업적을 겨우 인정받았고, 우봉운은 불교여자청년회 관련한 연구의 일부로 알려졌을 뿐이다. 이 두 사람 이외에 조원숙, 강정희, 이경희, 이계순, 이경선은 내게도 생소한 이름이었다.

생소한 이들을 쓰게 된 까닭은 해방공간에 한 편의 글이라도 남아 있는 이들을 중심으로 시작했기 때문이다. 잡지나 신문에 실린 이들의 글을 다시 한 편 두 편 확인하는 작업을 했다. 자료 찾기도 연구 작업 과정이고 고된 일이다. 한 줄의 기록이 아쉬운 여성이 너무나 많아서 조금이라도 기록되어 있는 게 얼마나 다행인지 몰랐다. 글을 읽고 이들의 활동을, 사회적 관계를, 생활을 추적해갔다. 그렇게 해방공간에서 시작해 일제강점기까지 거슬러 올라갔다. 이렇게 해서 이들의 실천과 그 역사를 조금이라도 알 수 있었다.

우봉운을 아는 이가 얼마나 있을까. 그이는 정신여학교를 졸업하고 20대에 북간도와 블라디보스토크에서 활동했다. 명동학교, 삼일여학교 등에서 교육운동을 하고 철혈광복단, 애국부인회, 부인독립회에서 독립운동을 실천했다. 30대에 조선으로 돌아와 불교여자청년회, 선학원 운동의 중심에 있었고 경성여자청년동맹, 근우회,

정우회, 북풍회 등에서 활동했다. 해방 후에는 건민회 부녀부장, 민족자주연맹 중앙집행위원이자 부녀부장, 자주여성동맹 부위원장 등을 맡았다. 그이는 여성의 의식적 자각과 경제적 독립을 중시했고, 이론과 실천의 상호 관계를 강조했다. 일제강점기에 독신 여성 아파트를 운영해 혼자 사는 여성들의 공간을 마련하는 데도 큰 역할을 했다. 신구 세대 간의 갈등에 대해서 신세대의 의무만을 강조하지 않고 상호 간 믿음을 중시했다. 그이는 평생 가난했지만 뜻을 굽히지 않고 앞으로 나아갔다.

김명시의 활동 무대가 아시아라는 사실을 아는 이가 얼마나 될까. 김명시의 '반제국주의운동'은 조선에 한정되지 않았다. 중국, 대만, 필리핀 등의 국민국가를, 인종과 민족을 넘어섰다. 반제운동을 할 수 있다면 상해에서 하얼빈까지 걸어서 찾아가 조직할 만큼 열정이 남달랐다. 김명시는 동방피압박민족반제대동맹, 재만조선인반일본제국주의대동맹, 상해한인반제동맹 등의 단체를 주도적으로 조직하고 활동했다. '백마 탄 여장군'으로 불렸지만 '트랜스내셔널 반제운동가'라는 호칭을 하나 더 첨가해야 한다. 김명시의 항일무장투쟁을 알면 해방이 갑자기 주어진 것이 아니라는 사실을 깨닫게 된다. 해방공간, 그이는 국가 건설에 남녀 역할이 따로 없다고 외쳤으며 역할론을 강하게 비판했다.

공부가 하고 싶어 열다섯 살에 부모 몰래 서울로 향했던 조원숙의 대담한 행위는 그이의 삶을 바꿔놓았다. 조원숙은 1920년대와

1930년대 초반 청년단체의 핵심 인물이었다. 전국 단위의 청년단체뿐만 아니라 지역 단위 청년단체, 여성단체를 조직한 핵심 인물이었다. 경성여자청년동맹, 중앙여자청년동맹, 조선여성동우회, 한양청년연맹, 신흥청년연맹, 강원청년연맹 등에서 집행위원으로 활동했다. 24시간이 부족했던 날들이었다. 이러한 열정적인 활동 탓에 스물두 살에 근우회 중앙집행위원이 되었다. '현모양처'에 반대하는 목소리를 내기 위해 단발을 단행할 정도로 급진적 페미니스트이기도 했다. 조원숙은 과감하고 용기 있는 행동으로 삶의 모양을 현실에 맞서는 삶으로 바꿔 나갔다. 근우회와 조선부녀총동맹(부총)의 맹장이었던 그이는 말년에 '간첩'으로 몰려 형무소에서 지내야만 했다.

강정희는 재러 한인으로 러시아에서 태어났지만 조선이 너무 그리워서 가족을 두고 조선에 왔다. 더듬더듬 조선말을 배우면서 러시아어를 가르쳤다. 그리고 경성청년회, 북풍회, 경성여자청년회, 여성동우회, 중앙여자청년동맹, 근우회 등의 단체에서 열정적으로 활동했다. 그이가 치안유지법 위반으로 체포되고 형을 살았을 때 모두들 그이의 활기가 사라질까 걱정했을 정도다. 강정희의 모험심, 용기, 열정은 치타에서 블라디보스토크로 경성에서 도쿄로, 즉 낯선 환경에서 새로운 삶을 살아가는 원동력이었다.

이경희는 남편과 함께 청년운동, 사회운동, 독립운동을 하면서 새로운 형식의 가족과 가족 구성원을 고민하는 일을 게을리하지 않았다. 여성운동이 '취미'라고 밝힌 그이는 경성여자청년회, 근우회 경성지회의 창립과 활동으로 두각을 드러냈다. 해방 후에도 부총과 남조선민주여성동맹(여맹)에서 중앙집행위원으로 활동했다.

이계순은 대구 출신으로 여성단체에 일정한 역할을 했지만 그이의 흔적이 남아 있는 곳을 찾기란 쉽지 않다. 이계순의 지적 호기심은 풍부하고 폭넓었다. 그이가 서대문형무소에 있을 때 지인에게 요구한 책 목록은 『자본론』, 『기독교의 본질』, 『사회진화론』, 『예술론』, 『조선역사』 등이었다. 대구사범학교 출신으로 대구에서 여성운동을 시작했으며 근우회 중앙본부에서 일했다. 해방 후에는 건국부녀동맹 그리고 부총과 여맹을 총괄하는 총무부장을 맡았다. 그이의 어깨에 부총을 떠맡길 만큼 냉철한 판단과 폭넓은 지식, 실천력을 두루 갖추고 있었다. 남녀동등권 법령 실시가 토지개혁과 노동법의 실시와 같은 의의를 갖는다며 남녀동등권은 제반 민주주의 제도와 정책 그리고 법령의 실시와 별개가 아니라 민주주의를 실현하는 곳에서 함께 진행되어야 함을 강조했다.

명석한 두뇌를 가졌던 이경선이 학력보다 운동을 택했던 까닭을 아는 이는 거의 없다. 그이는 이화여자전문학교 문과에 입학했지만 곧장 자퇴하고 사회운동을 시작했다. 독서회, 반제동맹 활동으로 서대문형무소에서 2년 동안 구금 생활을 했다. 곧장 고베약학전문학교에 들어갔지만 그곳에서도 이경선의 항일운동은 멈추지않았다. 1943년 치안유지법 위반으로 검거된 이유가 조선 독립운동을 한다는 것이었다. 그이는 해방은 여성에게 자유와 기회의 시공간이라며 거리로의 진출을 여성들에게 주문했다. 20세기 자유사상도, 교육도 여성해방을 해결해주지 않았다며 여성들이 직접 독립운동과 국가 건설에 참가해야 한다고 강조했다. 건국부녀총동맹과 부총 집행위원이었던 이경선은 뛰어난 이론가이자 활동가로서 풍부한 역사 지식과 역사적 맥락을 들어 설득했다.

비록 지금은 아무도 기억하지 않고 알려지지도 않았지만 그이들이 만든 역사는 봄날 햇살처럼 따스하고 찬란하고 아름답다.

2 김명시 金命時, 1907~1949
───────────────── **동아시아를 무대로 일제에 총을 겨눈 투사**

3 조원숙 趙元淑, 1906~?
───────────────── **새 세대는 새 사람들의 것이오**

1

우봉운

억압과 멸시와 굴종에서 단연히 튀어 나오라!

禹鳳雲, 1893~?

우봉운

'죽기를 기하고 통일 독립 위해 나가겠다'

UN조위(朝委)가 허수아비 노릇을 기어코 수행하는 모양이나 나로서는

절대로 반대한다. 인생이란 남녀가 상합하여 생활 자료를 획득하고 나가

서 생의 재생산을 하는 것이 철칙이라면 우리 조선 땅도 남북통일이 되

어 인민이 잘 살아가야 할 터인데 남북을 두 개로 자르고 동포끼리 살벌

을 하게 하는 남조선만의 단선은 민족 정의에 반대됨으로 죽기를 한하고

싸워서 우리 강토의 통일과 독립을 위하여 나가겠다. 벌써 5, 6명의 여성

이 선거에 출마한다고 들리는데 이것은 남북통일이 되어야만 남녀동등

권이 보장될 것인데도 불구하고 남녀동등권이라는 문자를 악용하는 것

으로 본다.[1]

1948년 3월, 자주여성동맹 우봉운은 5·10 남한만의 단독선거

우봉운

를 반대했다. "나는 통일된 조국을 건설하려다가 38선을 베고 쓰러질지언정 일신에 구차한 안일을 취하여 단독 정부를 세우는 데는 협력하지 아니하겠다."라는 김구의 「삼천만 동포에 읍고함」에 비할 바는 아니지만 우봉운의 강경한 목소리가 들리는 듯하다. 해방공간, 우봉운의 목소리를 들을 수 있는 유일한 글이다.

해방 당시 우봉운은 서울에서 활동하고 있었고, 근우회 중진으로서 해방공간에서 지도자 역할을 할 법도 한데 그이의 흔적을 찾아내기가 쉽지 않다. 그녀의 이름이 신문에 게재된 때는 1945년 9월 11일자 〈매일신보〉의 「조선인민공화국, 경성시 인민위원 발표」에서였다. 1945년 9월 11일에 휘문중학교 강당에서 열린 '경성시민대회'에서 선출된 조선건국준비위원회 경성지회 상임위원회에서는 조선인민공화국 경성시 인민위원을 선출했다. 다음 날 안국동의 덕성여자실업학교 강당에서 제1회 인민위원회가 열렸다. 이때 경성시 인민위원으로 우봉운의 이름이 보인다. 우봉운 이외에 서석전, 조원숙, 정칠성, 강정희, 허하백, 고명자도 함께 선출되었다. 모두 근우회 활동을 함께했던 동지들이다.

1945년 12월 22일부터 24일까지 열린 조선부녀총동맹(부총) 결

우봉운

성대회 때는 우봉운의 이름이 없다. 1946년 11월 18일에 전국여성단체총연맹 제1회 위원회가 열렸는데 이 회의에 8개 단체 대표들이 참가했다. 전국여성단체총연맹 위원장은 황애덕이고, 우봉운은 연락위원으로 선임되었다.[2] 회의에서는 "입법의원에 여성들도 다수 참가하여야 할 것을 요로 당국에 진정할 것을 결의하고, 여성의 경제권을 확립하며 산업 건국을 목표로 전국에 잠사(蠶絲)를 주로 하는 산업기관을 조직하기로 하고 각 단체에서 위원 1인씩을 선임할 것, UN총회에 메시지를 발송할 것"을 결의했다.[3]

전국여성단체총연맹의 결의 항목에 따르면 1946년 12월 12일에 발족된 남조선 최초의 입법 기구인 남조선과도입법의원 참가가 목적이었던 듯하다. 우봉운은 여기에 적극적으로 참가하지 않았다. 다만 조선여자국민당, 불교여성총연맹, 가톨릭여자청년연합회, 여자기독교청년회, 독립촉성애국부인회, 독립촉성여자단, 천도교내수회, 부녀국이라는 8개 단체가 이 회합에 참가했는데 우봉운이 불교여성총연맹(또는 불교부인총동맹)의 위원장이었기 때문에 연락위원으로 선임된 듯하다.[4]

그이의 활동이 비교적 알려지던 때는 1947년이다. 우봉운은 불교부인총동맹, 건민회 부녀부장, 민족자주연맹 중앙집행위원이자 부녀부장이었다. 건민회는 "국민운동을 지상 목표로 활동하며 국민의 계몽운동을 활발히 전개"하기 위해 결성된 단체로 이극로가 위원장이었다. 1947년 10월에 민족자주연맹 준비사업과 결성대회 때 우봉운은 적극적으로 개입하고 활동했다. 우봉운은 민족자주연맹 결성준비위원회 때부터 준비위원, 전형위원, 중앙집행위원으로 활동했다. 그리고 1948년 1월 민족자주연맹 부녀부장을 맡았다.

1948년 1월 31일에는 자주여성동맹이 결성되었는데 우봉운은 여기에서 부위원장을 맡는다. 위원장은 신의경이고, 고문은 김순애와 홍명희였다. 자주여성동맹은 남한 단독선거 반대운동을 전개했다. 자주여성동맹을 비롯한 애국부녀동맹, 불교부인회, 천도교부인회, 건민회 부녀부, 한국독립당 부녀부, 근로인민당 부녀부 등 중간파 여성단체는 1948년 3월 18일에 총선거에 대비하고자 모였다. 이날 회합에서 자주여성동맹, 근로인민당 부녀부, 한국독립당 부녀부, 건민회 부녀부 등 4개 단체만 단독선거 반대 성명서를 준비하기로 합의했다.[5] 3월 30일에 한국독립당 부녀부, 근로인민당 부녀부, 민족대동회 부녀부, 자주여성동맹, 민주독립당 부녀부는 단독선거 반대와 남북 회담을 환영하는 공동 선언문을 발표했다.

삼천만 동포여! 조국이 존망지추에 놓인 이때 우리는 총 결속하여 의연한 구국투쟁을 전개하여야만 된다. 우리는 분열, 예속을 가져오는 5월 9일의 단독선거를 결사반대하며 선거인등록을 거부한다. 조국의 통일, 자주독립을 위하여 싸우는 우리는 조국을 분할하려는 여하한 기도와도 과감히 싸울 것이다. 우리는 민족자결 원칙에 의하여 조선 문제는 조선인 자신이 해결하여야 한다는 견지를 고지한다. 이에 우리 천오백만 여성은 양

우봉운

군 철퇴를 주장하고 남북 회담을 환영하며 '해방자로부터의 해방'을 쟁취하기 위하여 끝까지 싸울 것을 엄숙히 성명한다.[6]

결국 우봉운은 자주여성동맹 대표로 남북 회담에 참가한다. 그리고 1948년 5월 자주여성동맹은 아래와 같은 성명을 발표했다.

우리 민족을 멸망의 구렁으로 몰아넣으려는 5·10 단선을 우리 민족적 양심에 입각하여 반대하여왔음에도 불구하고 금반 선거는 소위 자유 분위기 운운하며 조위 감시의 미명하에 무장대, 향보단 감시와 탄압 하에 감행된 투표임을 우리들도 체험하였거니와 조위 위원을 위시한 외국 기자까지 지적하는 바와 같이 민족의 대다수 의사를 무시하고 비민주적인 불법 선거를 우리 천오백만 여성은 이를 절대 배격하며 무효임을 만천하에 공포한다.[7]

우봉운은 1948년 8월 25일 남조선 최고인민회의 제1기 대의원 선거에서 대의원으로 선출되었으나 그 뒤의 활동은 알려져 있지 않았다.

풍상을 많이 겪어 그 표적이 얼굴에 주름살로서 상징케 한다. 씨는 경남 김해 출생으로 일찍이 정신여학교를 마치고 노령으로 건너가서 해외 동포의 자질들을 가르치는 일방 분주히 돌아다니는 일꾼들의 치다꺼리로 청춘 시절을 거의 보내다시피 하였다.

간도에서 교사 노릇을 할 때에도 아차 아차 하는 고비를 여러 차례 넘기었다. 씨의 신앙도 여러 번 변하였으니 기독교, 불교 등의 신자 생활도 한 일이 있으나 무엇을 위한 한 개의 방편이었다.[8]

『신가정』의 「여성운동의 전위들」에서 소개된 우봉운의 이력이다. 우봉운은 1889년 경상남도 김해에서 출생했다고 알려졌다. 이는 〈한인신보〉의 「염세주의인가」에 의거한 것이다. 그런데 우봉운이 박원희를 추억하며 쓴 글에 자신을 35세라고 소개했다. 따라서 1893년(혹은 1892년) 출생이라고 봐야 할 듯하다.

1910년에 우봉운은 정신여학교를 졸업했다.[9] 정신여학교 4회 졸업생은 김마리아, 유각경, 유영준, 우봉운, 오현주, 홍은희 등 22명이었다. 〈동아일보〉 1939년 신년 좌담회 때 우봉운은 "지금은 이화학당이니 무엇이니 쳐도 20년 전 그 당시에는 내용의 충실한 점으로나 학생들이 이쁘고 잘사는 집 따님들이 많기로나 정신여학교가 제일이었다."라고 말할 정도로 1910년대 정신여학교 출신들은 여

우봉운

러 분야에서 뛰어난 활동을 벌였다. 졸업 뒤에는 대구 계성여학교에서 3년 동안 교사로 일했다. 1914년 5월 3일자 〈권업신문〉의 「북간도 여학계」라는 기사에 그녀의 소식이 소개되었다.

북간도 교육계가 확장됨은 일반 다 아는 바거니와 여자 교육도 날로 진취되는 중 국자가(局子街) 길신여학교에는 이동휘 씨 영양 인순, 의순 두 형제와 와룡동 여학교에는 홍은희, 명동여학교에는 우봉운 제씨가 담임교수하는데 이 네 분은 일찍 서울 연동 정신여학교를 필업하고 함흥, 원산, 성진에서 여자 교육계에 헌신하여 아름다운 성적이 많았고, (…) 이로부터 간도 여자계에 큰 행복이라 칭송이 자자하다더라.

우봉운, 이인순, 이의순, 홍은희 등이 북간도의 여성 교육을 맡고 있다는 기사이다. 네 사람 모두 정신여학교 출신으로 이인순, 홍은희, 우봉운은 동창이다. 우봉운이 맡고 있는 명동여학교는 1911년에 북간도에서 처음으로 여성들을 교육한 곳이다. 우봉운은 북간도의 생활을 그리운 청춘 시대라 회상하며 "내게도 감미하는 그립든 청춘 시대가 있었다. 그것은 지금부터 20여 년 전 내 나이 스물셋 되던 해 외로운 처녀는 큰 뜻을 품고 황막한 북만주의 너른 벌을 헤매었다. 그때 생각에는 북만주를 무대로 일하여보려 함이다. 처음 이동휘 씨 따님과 함께 국자가 중국 학교에 입학하여 거기서 중국말과 글을 배운 뒤 그 이듬해에 예정과 같이 해란강 부근에 있는 명동촌에다가 명동학교를 설립하고 거기에서 젊은 여교사 되어 아침나절 학동에게 글을 가르쳤다."라고 썼다.[10]

명동학교는 1908년에 김약연 주도로 명동서숙이라는 이름으로 화룡현 명동촌에 세워졌다. 1909년 신민회에서 파견된 정재면을 단장으로 하는 북간도 교육단을 맞이하면서 명동학교는 민족주의 교육기관으로 성장해갔다. 정재면은 신민회 간부인 이동휘와 이동녕의 권유로 교육단을 조직해 북간도로 간 것이다.[11]

1912년 이동휘 가족은 모두 북간도 국자가로 이주했으며 이동휘의 큰딸 이인순, 둘째 딸 이의순이 북간도 명동학교에서 학생들을 가르쳤다. 여성 교육이 필요하다는 이동휘의 주장에 따라 이때 명동학교에 여학교가 병설되었다. 아마도 우봉운은 1912년 말이나 1913년 초에 북간도로 갔으리라. 간도로 거처를 옮긴 그녀는 명동학교에서의 생활을 이렇게 회고했다.

그때는 가슴에 타는 오직 봉공(奉公)의 일념이 끓던 때라, 학교라 하여도 모일 큰 집이 어디 있었으랴. 마을 뜻있는 남자들을 동원시켜 뒷산에 올라 소나무를 찍어 오래서 기둥을 세우고 나는 아이들을 데리고 앞 강변 진흙을 파서 함지박에 파서 이고는 돌아와 벽을 붙였고 또 돌아다니며 석가래 참나무를 주어서 치맛자락에 싸안고 돌아와 집 짓는 도움에 쓰게 하였으며 또 학교의 경비를 만들기 위하여 그 앞 밭을 갈아, 거기에 감자도 심고, 밀도 보리도 심어 농사도 지었다. 주경야독이란 그때의 나의 생활

우봉운

이리라. 등잔불 밑에 모여 드는 청년을 나는 밤에는 가르치고, 낮에는 데 리고 나가 농사였던 것이다.

스무남은 살 나는 젊은 여성에게 과한 노동이라고 할까. 그러나 그때는 그것이 모두 기뻤다. 힘드는 줄 몰랐다. 그러던 시절은 아아, 가고 말았는 가. 나와 같이 해삼위(블라디보스토크) 삼일여학교와 간도의 명동학교에 서 함께 일보던 이동휘 씨 따님, 그 동무도 이제는 상해에 있다더라.[12]

우봉운은 명동여학교에서 낮에는 농사짓고 교실을 만들었으며 저녁에는 아이들을 가르쳤다. 젊은 여성에게는 힘든 일이었지만 힘 든 줄 모를 정도로 기쁜 일이었다고 고백하고 있다. 이러한 우봉운 의 활동은 일제 경찰의 감시를 받았다. 1919년 6월 10일 두도구 분 관주임 스와 고케이(諏訪光瓊)는 외무대신 우치다 고사이(內田康哉)에 게 「조선독립운동에 관한 정보 송부의 건」 기밀 송신 21호인 만주 에 있는 불령단체(不逞團體) 관계 문서에서 우봉운이 명동학교의 직 원으로 있음을 알렸다. 이처럼 북간도에서 우봉운의 활동은 일제 경 찰의 감시 아래 있었다.

블라디보스토크 삼일여학교와 철혈광복단

우봉운은 1919년까지 명동학교에서 교사로 일했다. 1921년 8월

18일 블라디보스토크 총영사 대리영사 와타나베 리에(渡邊理惠)는 외무대신 우치다 고사이에게 보낸 기밀 제57호「선인의 행동에 관한 건」에서 우봉운이 삼일여학교 교사로 일한다고 알렸다. 1919년 이후 우봉운은 블라디보스토크 신한촌의 삼일여학교 교사였다. 신한촌한민회가 운영하던 삼일여학교에는 8세부터 14세까지 40여 명의 학생이 공부했다.[13]

우봉운은 간도에서 애국부인회 회장으로 활동했고, 간도와 연해주 지역 비밀결사단체인 철혈광복단의 여성 단원이었다. 1920년 봄에는 블라디보스토크의 부인독립회에 참여했다. 1920년 1월 31일 블라디보스토크가 러시아혁명군에 장악되자 한인 독립운동 활성화와 더불어 부인독립회의 활동 역시 활발해졌다. 그때 부인독립회의 중심 인물은 우봉운, 이의순, 채계복, 이혜근 등으로 간도에서 온 여성들이었다.[14] 부인독립회는 항일무장투쟁에 대비해 부상한 독립군을 간호하기 위한 간호사 양성 속성과를 설립했다.

대한적십자회는 1919년 7월 1일에 임시정부 지원을 목적으로 상해 장빈로 애인리 39호에서 설립되었다.[15] 대한적십자회의 목적은 간호사와 군의(軍醫) 양성이었다. 1920년 1월에 개설된 간호사 양성 과정은 수업 기간 3개월로, 매주 18시간 수업이 진행되었다. 간호사 양성소는 1기생을 배출하고 자금이 부족해 중단되었다.[16] 이는 다른 지역에서 간호사 양성을 진척하는 계기가 되었다.

부인독립회의 간호사 양성 계획은 미국의 원조를 받아 진행되었

대한적십자사 간호사 양성 교육생들의 모습

는데 1920년 봄 50여 명의 한인 여성들이 단기 속성 과정에 참여했다. 이 가운데 12명은 채계복이 간도에서 모집해 온 여성들이었다.

위 사진의 왼쪽은 부인독립회의 대한적십자사 간호사 양성 교육생들의 모습이다. 태극기와 적십자사기를 뒤에 걸고 18명의 여성들이 기념 촬영을 했다. 이들은 이의순, 이인순, 채계복, 장일의 부인, 도국향, 함세인의 부인, 우봉운, 박처후의 부인, 미국인 미스 후릿게, 러시아 (아무개의) 부인, 채계복, 이혜근, 채계화, 채성하의 부인, 조동운의 딸, 박인섭의 딸 등이다.[17] 오른쪽의 사진 설명에는 우봉운을 간도애국부인회 회장이라고 소개했다.

1920년 4월 일본군이 연해주 일대의 러시아인과 한인들을 체포, 구금하고 학살을 자행한 4월 참변을 일으켜 연해주 지역 한인 독립운동의 기반이 송두리째 파괴되었다.[18] 부인독립회의 주요 간부인 이의순, 채계복, 우봉운은 국경지대인 이만(Иман)의 한인 부락 다반촌으로 도피했다. 4월 참변 뒤 우봉운과 이의순은 블라디보스토크로 돌아갔고, 우봉운도 새로이 개교한 삼일여학교의 교사로 복귀했다.[19]

철혈광복단은 1910년대 북간도에서 조직된 비밀결사단체인 광복단과 러시아의 연해주에서 조직된 철혈단이 통합되어 1918년 8월에 조직되었다.[20] 이후 1919년 2월 노령 지역과 '독립선언서'를 공동 발표하며 활발한 활동을 펼쳐 나갔다.

비밀결사대인 철혈광복단이 알려지게 된 계기는 '간도 15만원 사건'이다. 철혈광복단은 항일무장투쟁을 벌여 나가기 위해 다량의 무기를 구입할 군자금이 필요했다. 철혈광복단원 최봉설, 윤준희, 한상호, 임국정 등은 짧은 기간 안에 거액의 군자금을 모으려면 일본 은행을 습격해 현금을 탈취하는 것이 좋겠다는 계획에 의견을 모았다.[21] 그들은 조선은행 회령지점원인 전홍섭을 설득해서 1920년 1월 4일 회령에서 약 14~15만 원의 현금이 수송될 것이라는 정보를 받았다.[22] 1월 4일, 이들은 현금 수송 차량 급습에 성공했다. 1920년 12월에 윤준희, 한상호, 임국정은 블라디보스토크에서 일본 헌병에게 체포됐고 최봉설은 탈주했다.[23] 모두 사형당하고 최봉설만 살았다. 최계립(최봉설)의 수기에 따르면 철혈광복단 여성 대원을 확인할

우봉운

수 있다.

여자들이 지금 단원에 300명 이상이 되며 각 애국부인회를 지도합니다.
예를 들면, 명동에 우봉운, 용정에 전신태, 와룡동에 김신희, 왕청에 김선
희, 해삼위(블라디보스토크)에 채계복·온순명 등이 애국 여자이며 (…).[24]

최봉설은 총탄을 맞고 쫓기면서 채계복, 이혜근, 우봉운 등의 도
움을 받았다. 그의 이야기를 더 들어보자.

다시 정신을 차리어 채계복네 집을 찾아가서 문을 두드리었소. 복도 첫
간에는 이혜근이라는 처녀 의사가 있었는데 그는 애국 여자이고, 당시 신
한촌 애국부인회 회장이었소. 그는 내 음성을 듣고 두루시만 입고 문을
열어주었소. (…) 그러자 곁방에서 채계복이, 채성화, 그 어머니가 나와서
채계복은 울었소.

이혜근은 내 오른팔에 탄환이 박혀 마감 가죽까지 나와 박힌 것을 빼어
내어 놓고서 말하기를 나는 이 철을 영원히 보존하여 두었다가 조선이 독
립된 후에 기념하겠다고 하였소.

(…) 나는 일신이 부러져 한 달이니, 발을 동이고 손을 동이고, 대강이를
동이고, 모두 두루뭉실이 되었소. 채계복은 매일 아침이면 내 몸을 고쳐
동여주었소.

(…) 대일본헌병이 이런 사람 하나 잃은 것은 큰 수치라 하여 봉설이(최봉

설)를 잡거나 죽이거나 하는 사람에게 일화 만 엔으로 상금을 준다고 하였소. 나는 그 방에서 21일 동안 채계복의 구원을 받고 있었소. (…) 그 후에 왜놈들이 채계복을 붙들자고 하여 채계복·우봉운·이의순 등이 도망하여 중국 요하현 등지에 가서 교사질 하였소.[25]

최봉설은 '채계복의 열정, 애국심, 조선 독립을 위한 헌신을 일생 잊을 수 없다'며 이름을 최계립으로 바꿨다. 최계립의 1959년 회고에 따르면 '간도 15만원 사건' 초기부터 채계복은 계획에 깊게 관여했다. 일본헌병대가 현상금 1만 엔을 걸고 최봉설을 잡고자 했을 때 아무도 보호하거나 도와주지 않았다. 그런데 철혈광복단원인 채계복이 총상 입은 최봉설을 치료하고 간호하고 보호한 것이다. 그때 채계복과 함께했던 여성들이 바로 부인독립회 회원인 우봉운, 이혜근, 채계화, 채계도였다.

최초, 불교여자청년회의 조직

20대에 간도와 블라디보스토크에서 보냈던 우봉운은 30대에 조선으로 돌아왔다. 그녀가 조선에 언제 들어왔는지 확실하지 않지만 적어도 1921년 말 또는 1922년 초에는 경성에 있었다. 조선으로 들어온 까닭은 비밀결사단체인 철혈광복단 실체가 알려지면서 간도에

우봉운

서의 활동을 이어가기 힘들었고 경제적 어려움도 큰 몫을 했을 것이다. 그녀에게는 일곱, 여덟 살 되는 어린 아들이 둘 있었고 이들을 가르치고 먹여야 했다.

조선에 들어온 그녀는 분주히 움직였다. 가장 먼저 한 일은 불교여자청년회의 조직이다.

우리 여자 사회의 선진(先進)인 우봉운 여사는 자애롭게 감동하고 분투하여 동지를 규합시켜 불타의 진정신(眞精神)으로서 여성의 덕성을 함양시키는 선지 계발을 위해 지난 대정 11년(1922년) 4월 조선불교여자청년회라는 단체를 조직한 이래 4개 성상(星霜) 동안 회장 우봉운 여사의 열성과 노력은 일시도 그치지 않아 그의 결과로서 백여 명의 회원을 가진 우리 불교 여자계의 유일무이하게 서 있는 기관이 되었다.[26]

조선불교여자청년회 창립과 활동에 우봉운이 큰 역할을 했던 것이다. 1921년 4월 26일, 불교부인회 총회가 수송동 각황사에서 열렸다. 이 자리에서 서기장 이숙은 "우리는 비록 여자의 몸이나 오늘과 같이 문명한 사대는 예전과는 판이한 시대이라 남자나 여자나 세상에 사람으로 생긴 이상에야 무엇이라도 일을 하여야" 한다며 불교여자청년회 설립을 알렸다.[27] 불교부인회에서도 불교여자청년회 조직의 필요성을 느꼈던 것이다.

1922년 3월 27일 불교유학생학우회 주최로 수송동 각황사에서 열린 강연회에서 우봉운은 '나의 이상원(理想園)'이라는 주제로 강연을 하고, 그녀의 둘째 아들 기의벽은 노래를 불렀다.[28] 수송동 각황사는 1911년 한용운과 이회광이 중동학교 자리에 창건했던 지금의 조계사이다. 불교유학생학우회는 4월 7일 수송동 각황사에서 강연회를 열었다. 강연은 서시베리아 조선인교육회의 사명을 띄고 입경(入京)한 김영학 일행을 위로하기 위한 것이었다. 강사와 주제는 기석호의 '열정', 강고명의 '살려는 우리인가 죽으려는 우리인가', 박이규의 '우리도 인간답게 살자'였다. 그리고 이때도 기의벽이 노래를 불렀다.

김영학은 1917년 광희문교회와 수포교회 목사였는데 1919년 3·1운동 때 만세시위를 주도해 6개월 형을 선고 받았다. 국내에서 항일운동이 어렵다고 판단한 그는 블라디보스토크 신한촌에 선교사로 자원했다. 1922년 조선인교육회를 조직해 경성에 들어왔다. 그런데 기독교인인 이들을 가장 먼저 맞이한 단체는 불교유학생 학우회이다. 기석호도 우봉운도 이전에는 모두 기독교인이었다. 기석호는 불가에 출가했고, 우봉운은 조선에 와서 불교여자청년회를 조직했다. 모두 의아한 상황이지만 이때 조선인에게는 종교적 차이보다는 '독립'이 우선이었다. 기독교인이든 불교인이든 천주교인이든 천도교인이든 상관없이 독립운동과 연관되는 일이라면 함께 행동했다. 따라서 우봉운이 북간도와 블라디보스토크에서 기독교인으로 활동했다가 갑자기 불교로 개종했다고 의아하게 생각할 필요는 없다. 기석호는 우봉운의 남편인 기태진의 법명이다. 아마도 기댈 곳이 없었던 우봉운은 출가한 남편의 도움을 받은 듯하다.

그 뒤에도 우봉운의 강연은 이어졌다. 그녀는 "어느 회장이든지 여러 사람의 고막을 울리어서 듣는 사람으로 하야금 어찌 저러한 청아한 소리가 나오나 하고 놀랄" 정도로 노래를 잘 불렀다.[29]

불교유학생 학우회 주최로 24일 7시 반에 시내 수송동 각황사에서 강연회를 개한다는데 입장료는 보통 20전 학생 반액이요, 연제와 연사는 (다음과 같다). '조선불교도의 소감' 김선, '합창' 여학생 3명, '생명무궁주의' 이돈화, '독창' 우봉운.[30]

장성 백양사의 지난 5월 4일 낙성식 거행함을 제하여 금반 경성으로부터 임석된 여사 우봉운 및 당사(當寺) 박태일 양 군은 청강자 다수의 집합함을 적기로 하여 5일 오전 11시부터 만세루에 강연회를 개최하고 장성군 오산사립학교 생도 100여 명을 집회케 한 (…) 우봉운 여사는 '시대의 적합한 사업'이라는 제(題)로서 장시간 웅변을 토하여 일반 청중에게 무한한 감각을 여하고 동 오후 1시에 폐회하였다더라.[31]

조선불교총무원에서는 금 26일 오전 11시에 수송동 각황사에서 우란분재 강연을 한다는데 연제와 연사는 '해도현(解倒懸)' 강도봉, '독창' 우봉운 여사, '허위에서' 이종대.[32]

우봉운은 활발한 강연과 함께 불교여자청년회 활동을 이어갔다. 불교여자청년회는 교육, 실업, 포교, 운동의 4개 부서를 두었는데 사업 가운데 중요한 것은 능인여자학원의 운영이었다. 능인여자학원은 160여 명의 학생들을 수용했고 야학부까지 설치해 초등교육을 보급하며 포교와 실업도 실행하고자 했다. 능인여자학원의 모습이다.

경복궁 오른편 (사)간동 긴 골목으로 들어가다가 왼손 편에 흰 담을 둘러싼 꽤 큼직한 조선집이 있으니 이것이 능인(能仁)여자학원입니다. 이 학원은 1921년 늦은 여름이 지나가고 서늘한 가을의 9월이었습니다. 처음 창립은 불교여자청년회의 우봉운 여사와 그 외에 몇몇 부인으로 발기(發起)된 것인데 무엇보다도 구 가정 부인의 교육기관이 적음을 통한히 생각하고 발기한 것입니다. 설립 당시에는 야학으로 하여 석왕사의 집인 현재 학원을 얻어가지고 나이가 많아 학교에서 공부하지 못하는 처녀와 구 가정 부인 30여 명을 모아놓고 선생 다섯 분이 합력하여 의무로 교수하였는데 시초에는 1학년밖에 없었으나 해가 바뀌는데 따라 학년도 늘고 학생도 늘어 재적생 150명, 선생은 여섯 분이라 합니다. (…) 이제까지 불교여자청년회 예속이던 것을 따로 독립하여 능인학원에서 자체로 경영하여 나가기로 하였다고 합니다. 이렇게 학교 내용이 변경됨과 동시에 원장은 이원석 씨가 신임되고 학감은 우봉운 씨로 결정되고 학교 경비에 대하여는 이원석 씨 외에 각 유지들이 협력 주선키로 되었다고 합니다. (…) 동 학원 학감 우봉운 여사는 석양에 별을 쪼이면서 찾아간 기자를 향하여 '이제까지도 있는 노력을 다하여 일하였습니다만은 앞으로는 더욱 희생적 정신으로 부녀 교육에 종사하려고 합니다. 또 학원도 앞으로 잘 진보될 줄 압니다.' 하며 오랜 성상에 시들린 얼굴에 희망이 빛나는 웃음을 띄며 이야기하더이다.[33]

불교여자청년회 교육사업은 1931년 4월에 설립된 명성실업여자학원으로 이어졌다. 명성여자실업학원은 조선불교여자청년회가 여성들의 직업적인 기술을 교육하려는 목적에서 설립한 간이 강습소였다. 『삼천리』 1931년 12월호에 한 독자가 우봉운에게 "명성여자실업학원은 처음의 그 학교 목적대로 작금 전환기에 처한 여성군(羣), 참혹하게 희생을 당한 (소박데기) 분을 많이 가르치었는데 총 학생 수는 몇 분이나 되며 또 잘 발전되어갑니까?"라는 질문에 "저는 지금 그 학교와는 관계를 끊었기 때문에 잘 모르겠습니다."라고 답하고 있어 처음에는 우봉운도 여기에 관여했던 것 같다.

활발한 사회운동과 '돌봄' 운동

외지를 유랑하다가 귀국하여 불교여자청년회를 조직하고 청년당대회에 대표로 참가함을 위시하여 여성동우회, 북풍회, 정우회, 근우회, 신간회,

여자소비조합 등 각 단체에 중진으로 활동을 계속하여왔다.[34]

우봉운은 조선에 들어와서 적극적인 활동을 벌여나간다. 1922년에 조선불교여자청년회를 조직하고, 1923년에 '전조선청년당대회'에 참가한다. 1923년 3월 24일 경성에서 전조선청년당대회가 열렸다. 이 대회를 개최하기 위해 2월부터 활동가들은 분주하게 움직였다. 전조선청년당대회는 "조선 내외에 있는 조선 사람으로 조직된 청년단체는 종교나 비종교임을 물론하고 일체 망라하여 그 모임이 조선에 있어서는 처음 있는 일"이었다. 서울청년회에서 사무 처리를 했으나 대회가 다가오자 준비위원회를 조직했다. 준비위원회는 각종 사무와 각 지방 단체들과의 협의, 통신, 왕복 등을 맡아 처리했다. 준비위원은 서울청년회 한진교·이영, 천도교유신회 강인택, 불교청년회 이종천, 불교여자청년회 우봉운, 대종교중앙청년회 신명균·민중식, 포항청년회 강우, 진영청년회 강영순 등이었다.[35] 우봉운은 전조선청년당대회 준비위원으로 활동했다. 그리고 1923년 3월 3일 전조선청년당대회 후원 강연회가 천도교중앙대교당에서 열렸는데 무려 2000여 명이 몰려왔다. 이때 우봉운이 독창을 했다.

1923년 3월에 열릴 민립대학발기총회 경성부 발기인으로 우봉운이 선발되었다. 같은 해 8월에 서선 수해구제회 집행위원과 상무위원, 1924년에는 조선 기근구제위원회 집행위원으로 활동했다.

1929년 4월에 경북기근구제회 발기인, 1931년 10월에 만주조난동 포문제협의회 집행위원이었다. 북풍회(1924년), 정우회(1926년) 등의 사회주의 단체에도 적극 참여했다. 1928년에는 북풍회 조사 사건 으로 검거되기도 했다.

우봉운은 도움이 필요한 곳이라면 준비위원, 발기인, 집행위원 의 임무를 맡아서 활동했다. 이런 까닭에 그녀는 '전위 투사, 더구나 여성은 애인을 가져서는 안 된다'고 주장했던 것이다. "회합뿐입니 까, 어느 동지를 무시로 찾아가야 할 일, 옥에 갇힌 분에게 차입 들 일 일, 어느 누가 병으로 누웠다면 약첩을 다려주어야 할 일 등 여성 으로 제일선에 나선다면 분주한 품이 여간이 아니"[36]라는 우봉운의 토로를 들으면 여성운동자들이 강연하고, 모임을 만들고, 조직 활 동을 하면서 어떻게 동료들을 돌보았는지 알 수 있다. 김약수가 보 낸 편지에서도 그것을 확인할 수 있다.

우봉운 선생! 근래에 바깥 여러분들이 모두 잘 있습니까. 자기는 몸 무사 히 지냅니다. 그런데 대판(大坂, 오사카) 조일신문사에서 발행하는 최근의 『조일연감』한 권과 『사회학』한 권을 속히 차입하여주옵소서. 그러고 또 한 가지는 돈 3원만 보내주세요. 동래에 계신 어머니에게 가끔 편지를 할 터인데 우표 값이 없어서 그럽니다. 그뿐더러 이 안에서 발행하는 신문 같은 것을 사 보고 싶은데 그만한 돈이 있어야 하겠습니다. 금주일 안에 책과 돈을 기어이 차입하여주옵소서.[37]

북풍회를 이끌었던 김약수가 제1차 조선공산당 사건으로 피검되었을 때 우봉운에게 보낸 편지의 내용이다. 우봉운이 김약수의 옥바라지를 했던 듯하다. 우봉운뿐만 아니라 여성 활동가들이 주요한 활동 가운데 하나는 옥바라지였다. 이는 '돌봄'운동이었다. 돌봄 노동이 인간이 생활하는 데 반드시 필요한 것처럼 일제강점기 '돌봄' 운동이 없었다면 독립운동은 불가능했을 것이다. '돌봄'운동은 현재 독립운동으로 평가받지 못하지만 사실 여성운동가들이 한 대표적 운동 형태였다.

'실천적 진출과 맹렬한 이론을 세워 대항하라'

1932년에 〈동아일보〉에서는 신년 기획으로 '남성에 대한 선전포고'라는 주제로 각계 여성들에게 '어떤 점에 대한 선전포고인지, 그 이유는 무엇인지, 그리고 실전(實戰)의 구체적 방법은 무엇인지'에 대해 물었다. 우봉운은 "이론도 내용도 없는 우월감을 가지고 난무하는 남성"에게 여성 대중이 "억압과 멸시를 받고 있"다는 점에서 선전포고를 하지 않을 수 없다며, 그 이유에 대해서는 "첫째 남성은 여성에게 대하여 봉건적 유물에 의한 도구시와 또는 여성 기능에 대한 무조건 멸시", "둘째 여성의 성멸적(성 멸시적)·경제적·사회적 모든 입장에 대한 남성 자체를 턱없이 우월화시키는 것", "셋째 여성에 대한 인간으로서의 기만 행동" 때문이라고 답했다. 그리고 이러한 현실을 벗어날 구체적 방법을 아래와 같이 제시한다.

첫째 여성 자신이 의식적으로 단호한 사회적 진출을 도모하여야 하고 또 자신을 사회적 존재를 만들기에 노력하여야 하며 따라서 하지 아니치 못할 경제적 독립 그것이다. 경제적 독립에 대한 해결은 물론 직업전선의 노동 여성이 되어 공장에로 각기 각자의 기능대로 할 것이다.

도구화, 기능 무시, 성멸적·경제적·사회적 모든 우월감과 전행에 대하여 실천적 진출과 맹렬한 이론을 세워서 적극적으로 그 무(無)근거함을 대항하여야 한다. 억압과 멸시와 굴종에서 단연히 뛰어 나오너라. 어린 자식은 경제권 가진 남성에게 맡겨라.[38]

사회적 진출을 도모하고, 사회적 존재로 자신을 만들기 위해 노력하며, 경제적 독립을 이루는 것이 여성에 대한 도구화와 기능 무시 그리고 우월감에 대한 대응이라는 것이다. 우봉운의 글 중에서 가장 과격하지만 기개가 느껴지는 주장이다. 이 모든 출발은 여성의 의식적 자각에서 비롯된 것이다. 그는 1929년 근우회 활동을 하면서 그 의미를 여성의 의식적 자각에서 찾았다.

근우회는 1927년 5월에 탄생된 것이다. 이후에 2개 성상(星霜)을 지내도록 무엇 이렇다 할 만한 업적을 나타내지 못한 것은 우리들이다. (…) 수

십 명 여성의 발기로서 근우회를 조직하고 그들의 활동으로써 그 회원의 수가 수천여 명에 달하여 전국 각지의 지회가 근 40개소에 다수에 (이르 렀)다. 이것은 조선 유사 이래에 첫 번 보는 여성들의 결합 현상이다. (…) 본부와 지회 사이에 다소의 의견 상위가 있었으며 (…) 피선(被選)된 간부 중에서도 약간 명은 사임원을 제출하는 등 회원이 탈회를 청하는 등의 지 장이 있었으나 이는 결코 회 자체의 동요는 아니었다. 물론 의식을 자신 사람의 사물에 대한 해석이 각각 다를지 모르나 회원의 1인인 나는 일반 여성운동의 진보한 것을 도리어 기뻐하고 싶다. (…) 근우회에 목적이 있 고 주장이 있다면 그는 그 조직을 하게 된 분자들의 활동 여하에 따라서 그 능률이 나타낼 줄 믿는다. 그럼으로 문제는 여성 각자가 굳게 의식을 가지고 아니 가지는 데에 있을 것이다. (…) 적어도 의식적이고 자각적 활 동이며 목적의식성에 의한 투쟁이라야 된다.[39]

근우회가 조직된 지 2년이 지나도록 내놓은 업적이 없을지라도 근우회에 목적이 있고 주장이 있다면 활동가들에 따라 성과가 나타 날 것이라는 주장이다. 따라서 조급하게 생각하지 말라고 권유한다. 그러면서 우봉운은 가장 중요한 것은 여성 개개인의 의식적이고 자 각적인 활동과, 목적의식적인 투쟁이라고 말한다.

근우회, 여성 개인의 의식적 동원

우봉운은 조선여성동우회, 경성여자청년동맹, 근우회에서 활동했다. 조선여성동우회는 1924년 5월 4일 재동여자강습원에서 "조선에는 사람으로 대우 못 받는 소위 현모양처가 많으나 사람 대접 받는 여성은 드물다"며 "모든 딸과 며느리들은 자기네가 서로 깨우쳐 단결하여 한 사람이 되어야겠다"는 취지 아래 발기총회를 열었다.[40] 우봉운은 발기인으로 참석했다. 1925년 2월 24일에 조선여성동우회는 경운동 천도교백년기념관에서 회원 30명이 모여 제1회 정기총회를 열었고 우봉운의 사회로 경과 보고와 임원 개선이 있은 뒤 예산안을 통과시키고 4월에 경성에서 개최될 '전조선민중운동자대회 참가'와 '부인 문제 강좌 개최' 등을 결의했다.

1925년 1월 여자 청년 20명이 경성여자청년동맹 발기회를 열었는데, 발기인은 박정덕·정달악·한동죽·조보희·김은곡·허정숙·우봉운·김필순·주세죽 외 7인이었다. 1월 21일에는 경성여자청년동맹 창립총회가 열렸다. 인천철공조합·인천노동총동맹·인천정미직공조합·인천무산청년동맹·인천선미여공조합 등 각처와 단체에서 온 축전을 발표하고, 이어서 조선여성동우회 우봉운이 축사를 했다.[41] 그러던 중 현장에서 감시하던 경찰의 제지로 중지당하는 일도 있었다.

1927년 5월 우봉운은 근우회 제1회 집행위원회에서 최은희, 김

선, 방신영과 함께 재정부 위원으로 선출되었다. 1928년 4월 근우
회 전국대회 제1회 준비위원회에서는 재무부를 담당했고, 1929년
7월 3일 근우회 전국대회 준비위원회에서 접대부 책임자를 맡았다.
근우회 제1회 전국대회에서 중앙집행위원으로 선출되었던 우봉운
은 1930년에 전국대회 개최 준비위원, 중앙집행위원으로 재무부를
맡았다. 그리고 근우회 지회 조직 결성과 지원 활동을 전개했다.

지난(1928년 3월) 16일 오후 2시 군위읍내 김영우 씨 방에서 근우회 군위
지회 설립대회를 개최하였는바, 출석회원 70여 명으로 박숙일 여사의 사
회하에 경성본부 대표 우봉운 여사의 의미심장한 취지 설명이 있(었다).
(…) 본부 대표 우봉운 여사의 근우회 유래에 대한 담이 끝나고 각 위원을
간담한 후 11시에 폐회하였다더라.[42]

근우회 밀양지회에서는 지난(1928년 4월) 28일에 창립대회를 마친 뒤에
동일 오후 8시경에 위원 일동은 간친회를 동 회관에서 열고 경성본부 대
표 우봉운 씨 외에 지방 각 단체 유지를 초대하고 주객이 서로 가슴을 헤
치어 간친의 뜻을 표하는 동시에 서로 여러 가지 여흥으로 동 10경에 폐
회하였다더라.[43]

우봉운 여사(근우회 간사) 목포근우지회 분규 조사차 (1928년 6월) 20일 목
포에 도착.[44]

우
봉
운

1928년 2월 20일 근우회관에서 경성지회 발기총회가 개최되었다. 우봉운은 여기서 근우회 경성지회 설립대회 준비위원을 맡았고, 대회에서 대의원으로 선출되었다. 1929년 1월에는 근우회 경성지회에 유급 상무를 두기로 결정했는데 이경희와 우봉운이 맡았다. 근우회 경성지회 제2회 정기대회 준비위원(1929년), 제3회 정기대회 준비위원(1930년)으로 활동했다. 제3회 정기대회에서 정종명·김수준과 함께 우봉운은 검사위원으로 선출되었고 대의원으로 선출되었다. 우봉운은 근우회 창립부터 해소될 때까지 본부와 경성지회에서 주요 임무를 맡아서 활동했다.

1931년 근우회 해소, 여성운동 침체기 아닌 새 기축의 시작점

나는 지금은 감옥에 가 있는 정종명이 집행위원장 때에 근우회를 한 번 방문한 일이 있고 (…) 세 번째로 일전에 근우회를 찾아보았다. (…) 세 번째 찾아온 이 마당은 겨우 상무 한 사람이 마루에 걸터앉아 아침에 도착된 통신을 펴 보고 있는 중으로 쓸쓸하기 짝이 없다. (…) 지금은 정칠성마저 대구로 내려간 뒤 이 방대한 진영을 지키고 있는 이는 우봉운 등 몇몇 분이 있을 뿐이다. (…) 근우회는 다시 옛날의 황금시대에 한 번 돌아오고 말는지 또는 해소의 조류에 영영 그 자취를 감추고 말는지 자못 근

대인의 신경을 흔드는 문제이다.[45]

1931년 『삼천리』 기자가 근우회관을 방문한 뒤의 감상을 적은 것이다. 번성하던 근우회가 지금은 쓸쓸하고 적막하며 우봉운만 남아 지키고 있는 모습을 기술했다. 이어 기자는 "근우회를 해소하자는 이론은 투쟁 여성들을 농민조합, 노동조합의 한 부문에 편입시켜 조선의 전반 운동의 활약에 그 투쟁력을 쌓이게 할 일이지 겨우 여자라는 성적 분별을 이유로 따로 조직을 둘 필요없다 하는 것인데 그것은 반드시 그렇지 아니하"다고 지적한다.[46] 곧 근우회 해소가 여성운동의 활기를 빼앗아갔다고 파악한 것이다.

이에 대해 우봉운은 다른 해석을 한다. 우봉운은 「1931년 총결산, 과거 1년간의 조선 여성운동」이라는 글에서 "'1931년의 여성운동은 침체다. 정숙이다.'―이것이 이 해의 여성운동에 대한 범속한 견해의 대부분이다. 그러나 그것은 범속한 까닭으로 사물의 정곡을 포착하지 못하였다."라며 오히려 1931년은 여성운동의 침체기가 아니라 새로운 출발이라고 말한다. 왜 새로운 출발인가. 그녀의 말을 더 들어보자.

역사는 항상 그 정궤를 향하여 달음질한다. 조선의 여성운동은 근우회 중심주의로부터 완전히 그 방향을 전환하였으니 제3기의 일반적 정세는 운동의 중심이 이 이상 더 소부르주아지 여성의 휘하에 칩복하기를 용허하지 않는 것이다.

우리는 그 증좌로서 지난여름 평양고무 쟁의 때의 부인 노동자의 영웅적 투쟁을 회상하면 족한 것이며 이외에도 우리는 지배 권력의 언어도단한 강압에도 불구하고 이르는 곳마다 노동조합, 농민조합의 확대 강화, 조합 부인부의 확립 등의 새 조직이 이미 그 건전한 축성의 토대가 자리 잡히기 시작한 것을 보고 있다.

그럼으로 근우회의 동안(冬眼)이나 사멸을 보고 곧 여성운동의 침체를 말하는 것은 가을날의 낙엽을 보고 수목이 고사한 것으로 단정하는 것과 같은 우견이다. 엽(葉)의 조락(凋落)은 동시에 새로운 '무성(茂盛)'의 출발점인 것이다.

요컨대 조선의 여성운동은 그 계급적 전체성에 제약되어 필연적인 역사의 새 장면을 (걸을) 것이고 1931년은 이 새 기축의 한 시간적 기점이 된 것이니 이 점에서 우리는 해소 투쟁에 혹은 역습으로 혹은 사보타지로 반동적 항쟁을 시(試)하든 부대들이 이 해의 여성운동을 보는 것과는 정반대의 견해를 가지게 되며 우리의 이 견해는 그것이 실재와 합치되는 점에서 과학적인 것이다.[47]

신간회는 전체대회를 열어 해소를 알렸다. 근우회는 3차에 걸쳐 대회 소집 통지를 전국 각 지회에 발송했지만 대회는 열리지 않았다. 대회 소집을 못한 까닭에 대해 우봉운은 "신간회 전체대회에서의 자기 계급의 참패를 근우회에서까지 복제하기를 싫어한 것"이라며 근우회는 공허한 외각만을 남겼다고 평가했다.

우봉운은 1931년 여성운동이 새로운 방향에 들어섰다고 주장했다. 그 사례로 1930년에 일어난 평양고무공장 여성 노동자들의 쟁의를 들었다. 그해 8월 8일 대동고무와 평안고무를 비롯한 평양의 10여 개 고무공장 1800여 명은 일제히 공장 문을 나왔다. 1년에 500만 족을 생산하고 중국에까지 판권을 가진 평양의 가장 중요 산업인 고무공장의 기계가 멈춰 섰다. 파업은 20여 일 동안 지속되었다. 1930년부터 1934년까지 5년 동안 노동자의 쟁의 건수는 897건에 참가 인원수는 7만 7000명에 이르렀고, 대다수가 여성 노동자였다. 근우회는 '부인 노동자의 임금 차별 철폐 및 산전 산후 2주간의 휴양과 임금 지불', '부인 및 소년 노동자의 위험 노동 및 야간작업 폐지' 등의 행동강령을 내걸었지만 여성 노동자들의 쟁의에 실제적 결합이나 협력이 힘들었다. 왜냐하면 근우회의 모든 활동은 경찰에 보고되었고 심지어 중앙집행위원회 회의에는 경찰이 참석해 항상 감시했다. 결의는 번번히 경찰의 방해로 이행되지 못했다. 이런 측면에서 우봉운은 예전의 방식이 아닌 실재와 결합하는 활동이 필요하고 이런 활동이 과학적 인식이라고 강조했다.

우봉운

가난에도 굴하지 않고

근우회 투사로서 쟁쟁하던 우봉운 여사는 최근에 '권유원(勸誘員)'이 되었다. 권유원이라면 생명보험인가 하고 즐겨 알 듯하나 생명보험은 아니고 동아일보사다.

'나 신문 안 보겠으니 끊어주오' 하고 서울 시내의 독자 중 신문을 퇴하는이가 각 사마다 매일 여럿이 있다. 혹은 전화로 혹은 배달부에게 통고하는 것으로 애독자가 무슨 사정인지 신문 아니 보겠다고 거절 통지하는 데는 동아뿐 아니라 조선이나 중앙이나 모두 두통을 앓는다.

그래서 이 신문 아니 보겠다는 독자가 있으면 우 여사가 그 자택으로 방문하여 '현대 문명한 이 세월에 신문을 아니 보시겠다니 참 섭섭합니다. 무슨 사정인지 모르나 어서 동포여 계속하여 보아주십시오.' 하고 정성으로 권한다. 이리하여 일단 어떻든 독자를 놓치지 않는 '신문 계속의 권유원'이 되었다고.[48]

이 기사에 따르면, 1935년 우봉운은 먹고살기 위해 〈동아일보〉권유원 일을 했다. 그녀의 나이 43세였다. 북간도와 블라디보스토크에서 명동학교와 삼일여학교 교사로, 철혈광복단 단원으로, 부인독립회 회원으로, 간도 애국부인회 회장으로 아슬아슬한 고비를 수도 없이 넘겼던 그녀가 1935년 43세의 나이로 할 수 있었던 일은〈동아일보〉신문 구독 권유원이었다.

일제는 여성운동가, 즉 조선의 페미니스트들이 활동하기를 바라지 않았다. 그 어떤 틈도 주지 않았다. 일제는 1931년 만주사변을 일으키고 아시아를 장악하려 더 큰 전쟁을 계획하고 있었기 때문이다. 근우회의 여성들, 즉 조선의 페미니스트들이 '전쟁 반대'를 외칠 것이라는 두려움이 컸으리라. 따라서 이들의 손과 발을 모두 묶어 옴짝달싹 못 하게 했다. 정칠성의 회고에 따르면 우봉운만이 아니라 근우회의 핵심 활동가들은 모두 뿔뿔이 흩어졌다. 사회활동가, 교육자, 조직가, 페미니스트였던 우봉운이 유일하게 할 수 있는 일이 권유원이었다. 가난은 항상 우봉운을 따라다녔다. 그녀의 능력을 발휘할 수 있는 일은 가르치는 것이지만 교사 자리 얻기가 쉽지 않았다. 1910년대 북간도와 블라디보스토크에서 교사 일을 하고, 1920년대 조선으로 돌아온 우봉운은 능인여자학원을 만들어 학생들을 가르쳤다. 그러나 교사 노릇도 얼마 뒤에 그만두어야 했다.

능인여자학원은 1925년 9월부터 재정이 나빠져 학교를 운영할 수 없었다. 결국 계산보통학교와 통합했다. 능인학원 학생들은 계산보통학교로 전학했고 교사들도 따라서 이동했다. 그런데 1926년 5월 7일 계산보통학교 여자부 2, 3, 4학년 생도 60명이 동맹휴학을 일으켰다.

동맹휴학을 한 원인을 들은즉 (…) 교사 우봉운, 김필순 양 여사와 남용우 3인을 그냥 채용하여 교수를 시켜오던 바 우봉운, 김필순 양 여사는 유명

우봉운

한 여자주의자로 당국의 주목을 받고 있으며 따라서 학무 당국으로부터 동 교장에게 양 여사는 자격이 없다는 것을 구실로 하고 동 교장에게 해직을 시키라고 명령한 바도 있었음으로 동교에서는 지난 4월 29일부로 양 여사를 해직하고 그다음 5월 4일부터 남용우 씨까지 해직을 하고 7일 아침에 교장이 후임 교사를 교실에 데리고 들어가 생도에게 소개하매 생도 일동은 일제히 '선생 세 명을 무단히 해직함은 학교 당국자의 가혹한 처치인 고로 우리들은 이전 선생이 아니면 절대로 교수를 받지 않겠다.' 하고 분개한 태도로 퇴장을 하고 동맹휴학을 한 것이라더라.[49]

능인학원의 경영권이 일본 사찰인 니시혼간지(西本願寺)의 경성 별원으로 이전되자 우봉운, 김필순, 남용우 등이 모두 해직되었다. 학무국, 지금으로 말하면 교육부가 '여자주의자'라는 이유로 해직하라고 명령했던 것이다. 이에 학생들이 동맹휴학으로 반발했다. 학생들의 동맹휴학은 20여 일 동안 지속되었지만 우봉운과 다른 교사들은 학교로 돌아가지 못했다. 그리고 학부모의 설득으로 학생들이 학교로 돌아가면서 계산보통학교 동맹휴학은 마무리되었다.

독신 여성 아파트

우봉운은 사회운동을 하든 여성운동을 하든 간에 일할 때 애인을 가져서는 안 된다고 주장했다.

전위 투사는 애인을 가지어서는 안 된다고 나는 굳게 주장합니다. 더구나 여성은 절대로 애인이나 가정을 가져서는 안 될 것이라고 생각합니다. 어째 그러냐 하면 여자는 남자와도 달라서 전위에 서서 무슨 활동을 하자면 그 몸이 부모라든지 형제라든지 자녀들에게 다소라도 속박받게 되어서 일이 잘 안 됩니다. 가령 무슨 회합이 있어 출석하자 하여도 머리도 빗어야 하고 옷도 갈아입어야 하고 몸 매무시도 하는 데 시간이 많이 걸리는데 그 위에 또 가정이나 있고 보면 이 까닭 저 까닭에 몸을 자유로 움직일 수 없게 되어버립니다. (…) 그리고 비밀을 엄격하게 지켜야 한다는 점에서 제 한 몸이 되는 것이 좋은 줄 압니다.[50]

그러나 "만일 자기의 사업을 이해하고 이해할뿐더러 그 용기를 북돋게 하며 일심동체되어 목적하는 일은 같이하여줄 그러한 이성 관계라면 그러한 애인은 물론 가져야" 한다고 말했다. 그리고 산아 제한도 적극적으로 찬성했다. "내가 산아 제한에 대한 생각을 갖기는 사회운동, 즉 제일선에 나와서부터"라며 "우리들의 운동에 (…) 나의 한 몸을 희생시키는 거기에 있어서 좀 더 두뇌의 집중과 좀 더 운동의 효과적 성과를 위하여 일하는 데에서 우리들은 인생 문제나 철학 문제를 뒤에 두고라도 단연히 산아 제한을 제창하는 것"이라고 말한다.[51] 우봉운의 산아 제한 주장은 '전위 투사는 애인을 가져서는 안 된다'라는 의견과 비슷한 취지에서 나왔다.

1939년 좌담회에서 우봉운은 독신주의가 출현하게 된 현상에 대해서 이렇게 설명한다.

기자 : 아까 말씀하시던 독신주의는 어떤 근거에서 나온 현상이었습니까. 조혼의 폐를 없이한다던가 그런 의미는 없었을까요.

우봉운 : 순전히 헌신 봉사 정신에서 나온 것이지오. 몸을 온전히 일에 바치자는 뜻에서 나왔었지요. 나와 동창생 22명은 상해와 북경, 남·북만주에로 헤어졌는데 모두들 그때 남자들과 같이 악수해서 우매한 사람들을 깨우쳐준다는 이상이 있었으니까요.[52]

이런 주장은 처음부터 가졌던 것은 아니고 그녀의 생활 속에서 나왔던 듯하다. 사실 그녀는 20대 초반에 열렬한 연애편지를 받으며 연애를 했다. 그리고 결혼을 했지만 남편은 어린 아들 둘을 남겨두고 떠났다. 우봉운은 평생 가장으로서 아들 둘을 키우며 사회운동을 했다.

이러한 경험과 생활은 결국 독신주의와 무부(無夫)주의로 자연스럽게 전진했으리라. 즉 그녀의 독신주의는 생활형 독신주의인 것이다. 43세에 신문 구독 권유원을 할 정도로 경제적으로 어려움을 겪었고, 항상 거처해야 할 공간을 마련하지 못하는 형편에서 생활했다. 그녀는 '가장 역할을 못 하거나 남편이 부재한 여성들이 어떻게 서로 의지하며 살아갈 것인가'라는 문제에 항상 부딪쳤다. 그런 고심의 결과가 독신 여성들이 살아갈 수 있는 공간을 마련하는 일로 이어졌을 것이다.

『삼천리』 기자가 경성에 독신 여성들만 사는 공간이 있다는 이야기를 듣고 찾아가는 기사에 우봉운의 이런 고심이 잘 드러나 있다. 기자는 일본에도 여성들만 사는 주거 공간이 여러 곳에 등장했다며 일본의 독신 여성 합동 공간은 공동 식사장, 목욕탕, 세탁장, 신문 열람실, 도서실, 육아실까지 갖춘 공동 공간이라고 소개한다. 경성에 만들어진 독신 여성의 공간은 어떤 모습이었을까.

번지만 공평동…(이)라고 쓰고 주인의 문비도 없다. 그러나 단층 양식집에다가 벽에는 빨간 칠과 단청한 기둥이 섰을뿐더러 선과 점이 유달리 교착된 건물인 점으로 보아 서울 안에 '아파트'가 없다면 몰라도 있다면 이집을 빼놓고는 단연 있을 것 같지 않다는 자신과 육감(六感)이 생긴다.

안은 조용하다. 그리고 마치 병원의 병실 모양으로 구조가 되었다. 즉 마루가 끝없이 감(ㄴ) 자형으로 깔렸는데 그 마루를 연하여 미닫이만 하여단 방이 여러 개가 보인다.

문간방에서는 여자들이 소근소근하는 말소리가 들리다가 (…)

'누구를 찾습니까?'

보니 심은숙 씨다. 근우회의 여류 맹투사 (…)

방문 하나가 또 열리더니

우봉운

'어이구, 이게 웬일이세요.'

하고 불끈 거둔 두 팔을 그냥 들고 나서는 이는 우봉운 씨—역시 근우회의 노투사—

(…) 나는 이 집 안에 몇 가구가 사는지 몰랐다. 또 모든 멤버가 우봉운 씨같이 독신 여성인지 어쩐지도 몰랐다. (…)

다만 나의 제육감(第六感)으로 얻은 이 집의 아우트라인은 이러하리라 하였다.

아직은 세를 주고 우 씨나 심 씨나 기타 여러분이 모두 한 방씩 얻어 들고 계신 듯. 그래서 밥 짓는 것도 제각기, 옷 빠는 것도 제각기, 쌀 사고 나무 사 오는 것도 제각기 제 돈으로, 그리고 독신 부인으로 제한한 것은 아니나 결국 우봉운 씨 이하 독신 여성이 대부분이고 또 직업 여성만 모여 살기로 약속한 것이 아니나, 자연히 여교원, 여사무원, 사회운동 선상의 여류 투사들이 모여 살게 되었음이라고.

그렇지만 아직 태생기에 있다 하여도 근대식 아파트의 형태를 꾸며가고 있는 것만은 사실이니 조선서는 경이적 존재라고 아니할 수 없다.[53]

독신 여성 아파트는 근우회관 안에 만들어졌고 근우회가 해소되면서 함께 사라진 듯하다. 『삼천리』 기사에 등장한 '공평동의 단층 양식집'에서 함께 살았던 근우회의 심은숙은 결혼했고, 우봉운은 안국동 여자선학원으로 거처를 옮겼다.[54] 1931년 3월에 조직된 선우회가 1935년에 부인선우회의 독립 수행 공간을 안국동 41번지

2층 가옥에 마련했다.[55] 근우회 여성들이 만들었던 독신 여성 아파트가 사라지면서 우봉운은 선학원에 자리를 마련했던 것이다.

기개와 뜨거운 동지애

우봉운의 글은 단호하고 날카롭다. 그러면서도 그녀는 작은 호의에도 감동하며, 그것을 오랫동안 간직하는 마음을 가지고 있었다. 그런 그녀의 심성을 알 수 있는 글이 있다. 우봉운은 투옥되지는 않았지만 여러 번 유치창에 들어갔다.

종로경찰서 유치장에 있을 때 하루는 어느 한 분이 옷과 치분, 칫솔을 차입하여주려고 갖은 애를 쓰시는 것을 유치장 안에서 어떻게 어떻게 알고서 어떻게도 감사하였는지 몰랐습니다. 그런 곳으로 들어가면 공연히 쓸쓸함과 공허를 느껴지는데 이렇게 기쁜 소식을 들어질 때마다 참으로 기쁜 마음을 금할 길이 없겠습니다. 그때 그 차입은 끝끝내 허락이 되지 못하여 나는 휴지 한 장 받아 쓰지 못하였지만, 그 마음에는 감사하여 마지 않았습니다.[56]

유치장에 갇힌 동료를 위해 생활 용품들을 차입해주려고 애쓰는 이와 그것을 받지 못하고도 그 마음만으로 고마워하는 이 사이

우봉운

의 깊은 동지애를 느끼게 한다. 그녀의 이런 심성은 박원희를 그리워하며 쓴 글에서도 가장 잘 드러난다. 우봉운과 박원희의 인연은 1921년 북간도에서 시작되었다.

해삼위(블라디보스토크)로부터 나와서 북간도에 온즉 그곳에 박원희 여사가 있었다. 그는 서울청년회의 쟁쟁한 투사로 또 무산자동맹회원으로 족적이 국내 국외에 멀리 미치어 매우 꾸준한 활약을 보이고 있던 때이다. 나더러 서울청년회의 입회를 권유하면서 조선의 운동 사정을 소상히 이야기하여주었다. 그때 나는 사회주의 학설에 대하여 좀 더 연구하고 싶은 생각을 하고 그가 속하여 있는 단체에는 가입하지 않았으나 그와는 훨씬 가까운 벗이 되었다. 그 뒤에 나는 서울에 올라와서 북풍회에 들었다. 파벌을 따진다면 그와 나는 딴 파에 속하나 모든 운동을 위하는 데서는 일치하여 그는 나를 믿고 나는 그를 여간 믿은 것이 아니다.[57]

서울청년회는 1921년 1월에 결성되었다. 김사국은 서울청년회 설립의 중심인물이었는데 이때 박원희는 김사국에게 호감을 갖고 함께 활동했다. 아마도 이들은 서울청년회 회원 모집을 하려 북간도에 들렀던 듯하고 이때 우봉운과 만났을 것이다. 박원희와는 다른 분파에서 활동했을지라도 둘은 서로를 믿고 의지하며 근우회 활동을 함께했다. 박원희의 마지막을 우봉운은 지켜보았다.

그가 운명하던 날, 나와 황신덕 군과 강아그니아 군과 그이 딸과 친척은 약병과 신음 소리에 둘러싼 그의 최후의 병석을 지키고 그가 소복(蘇復) 하기만 고대하고 (…) 무슨 일에나 한번 붙잡으면 열렬하고 퇴각할 줄 모르던 그가 설마 감기쯤으로 죽을까, (…) 죽어서 못 쓰는 사람이 설마 죽을까, 나이도 청춘이요 기개도 구만리 푸른 하늘의 수리개 같은 그가 모든 사람의 저바림을 버리고 설마 죽으랴. 이렇게 우리들은 믿고 빌고 혼자 괴로워하였다.

'여보! 정신채려요.' 하면 그는 창문을 보고 눈을 우리 얼굴에 돌리어 물끄러미 보다가 입을 조금 움직인다. 필연 우리를 도로 위로하려고 웃으려 한 것이리라. (…) 나는 고요히 그 딸 사은이를 붙잡아다가 그의 곁에 놓았다. 그는 겨우 팔을 들어 어린아이의 얼굴을 한 번 싹싹 만지고 또 다시 만지려고 서둘다가 그만 기운이 없는지 손을 놓고 눈을 감아버린다. (…)

우리들은 그날 밤 시체 곁에서 철야하였다. 추억하고는 울고, 울고는 추억하면서 기구한 일생 속에서 먼저 간 동무를 조상하였다. 그 중에도 나는 서른다섯을 먹기까지 남을 위하여 그렇게 울어본 적이 없었다.[58]

박원희가 가는 마지막 길에 함께했던 우봉운은 '고박원희동지 각사회단체연합장의준비회(故朴元熙同志 各社會團體聯合葬儀會)' 준비위원으로 활동했다. 그리고 영결식에서 애도사를 낭독했다. 1920년대 함께 활동한 벗이자 동지였던 정종명도 서대문형무소에서 아들에게 보낸 편지에서 서울에 올라오거든 우봉운을 찾아가 지내라고 말한다. 그렇게 우봉운은 따뜻한 사람이었다. 또한 그녀는 유연했다. 1939년 〈동아일보〉가 주최한 「삼대 여성이 본 문화 반세기」라는 좌담회에서의 태도는 그이의 인품과 세상에 대한 인식을 짐작케 한다.

유각경 : 지금 사람들은 희생적 정신이 없습니다. 공부도 아주 기계주의니까요. 그때는 모두 공부도 자진해서 하고 그랬지만.

임효정 : 지금의 아이들은 목표가 없습니다. 그때는 밥을 지어 먹어가면서라도 공부를 할 만큼 이상이 있었는데요.

박순천 : 그때보다 지금 생도는 공부는 그때보다 나아졌으나 사람은 정신적이 못 되고 의지적이 아닙니다.

우봉운 : 환경이 다르니까 그렇게 되는 게지요. (…)

박순천 : 이대로 가면 앞날이 걱정되지 않을까요.

우봉운 : 아니, 앞에는 또 앞날의 일꾼들이 나오지요. (…)

박순천 : 현대 여성은 일반적으로 교만해서 재미없습니다. (…)

우봉운 : 그때 사조의 책임이 크지오. 감수성이 많은 어린이들이니까 가정보다도 사조의 영향을 더 받으니까요. 우리도 전신이 사조에 쌓여 살지 않아요.[59]

박순천, 유각경, 임효정 등이 모두 '희생정신이 없다' '목표가 없다' '의지가 약하다' '교만하다'라며 꾸짖으며 젊은이들의 책임만을 강조할 때 그녀는 '환경이 다르기 때문'이라고 말하고 있다. 연이어 모두들 앞날이 걱정이라며 한탄하는 와중에도 그녀는 '앞에는 또 앞날의 일꾼들이 나오겠지요'라면서 젊은 세대에 대한 믿음을 보여준다. 그리고 구세대인 자신들도 사회적 영향을 받았던 것처럼 신세대인 청년들도 사회적 영향을 받고 책임질 것이라고 말한다. 우봉운은 나이와 지위로 불필요한 권위를 내세우지 않았다. 그녀는 단호하면서도 부드럽고 유연했다.

수백 통의 연애편지 그리고 결혼

우봉운은 열정이 넘치는 사람이었다. 그녀는 남편 기태진과 결혼하기 전 5년 동안 연애편지를 주고받았다. 그녀는 연애편지를 쓴 경험에 대해 "스물 안짝 되던 정신여학교 여학생 시대에는 꽤 많이 썼"고 "그 학교를 마치고 대구 계성여학교의 선생으로 있는 3년 동안까지도 내 손끝으로 연애편지는 계속 되었"다고 회상했다. 연애편지의 대상에 대해서도 "편지 쓴 곳은 기태진이라는 젊은 청년이었는데 얼굴 잘생기고 풍채 좋고 학식과 사상이 좋"은 사람이라고 쑥스럽게 고백한다.

편지를 먼저 보낸 이는 기태진이었다. 우봉운은 "편지 오니까 답장을 썼지. 답장을 썼더니 또 편지 오지, 또 썼지, 또 오지…. (…) 아마 내가 한 편지도 수백 장 되거니와 저쪽으로부터 받은 편지 수도 수백 장이 되었으리라."라고 밝히고 있다. 결정적으로 이렇게 수백 장의 편지를 서로 주고받았지만 그들은 한 번도 만난 적이 없었다. 우봉운은 그의 얼굴을 알지 못했다. 어느 날 기태진은 편지 속에 사진 한 장을 넣어 보냈다.

나는 가슴이 울렁거리고 두 볼이 저절로 빨개지는 것을 깨달았다. 그때가 바로 여교사 시대라 학생들이 그 사진을 볼까봐서 교과서 책장 속에 감추고 그 책을 꺼내어 기숙함 안에서는 차마 보지 못하고 학교 교실까지 끌고 들어갔다. (…) 처녀 각시의 마음은 정말 미묘하고 섬세한지라 한편으로 보고 싶은 마음이 불붙듯 일어나서 잠시도 진정치 못하여 교수 시간에까지 그 사진을 끌고 들어갔으나 5, 6차나 시험하다가 끝내 못 하고 말았다. (…) 그러다가 사무실에 들어와서도 곁에 선생이 볼까봐서 끝끝내 그 사진을 펴 보지 못하고 휴식시간을 이용하여 변소로 얼른 들고 들어갔다. 그러고 변소 문을 꼭 닫고 울렁거리는 가슴을 내리누르며 정성스럽게 함께 싸 보낸 편지를 다시 한번 쭉 내려보고 봉하였던 사진을 꺼내었다.[60]

그녀는 자신의 감정에 참으로 솔직했다. 연애편지를 주고받은 시기에 기태진은 경신학교를 졸업하고 함경도 성진에 있는 협신학

교 교사로 재직 중이었다. 이렇게 긴긴 편지를 주고받은 뒤에 우봉
운은 그와 결혼했다. 이런 경험 때문인지 우봉운은 연애결혼은 무
조건 지지했다. 특히 조선인이 아닌 다른 인종, 민족과의 결혼도 지
지했다.

물이 저절로 흐르는 것같이 순결한 젊은 사람의 이성을 찾는 불길이 저
절로 불타기 시작하는 그 마당에 있어서 '민족'이 다르다는 이유로 그 사
이를 막자 하여도 될 까닭도 없겠거니와 그리할 필요가 아예 없는 일이
다. 연애는 국경을 초월한다. (…) 순결한 동기에서 나와 행복스러운 연애
거든 어서어서 국경을 초월하여라. 민족의 한계를 끊어버리고 흘러라.[61]

그러나 연애결혼이 아닌 돈 때문에 팔려 가는 노예 결혼이나 '허
영적'이고 '인형적'인 결혼은 결사 반대했다. 그녀가 말한 허영적,
인형적 결혼이란 무엇일까. 우봉운은 "국가의 정략상 갑의 민족의
혈통과 을 민족의 혈통을 혼합시켜 혼혈 인종을 창조하자는 견지에
서 하는 소위 동화정책적 결혼이 있다."고 하면서 "이것은 부르조아
사회에 있어 정복 국가가 흔히 자기의 식민지에 대하여 식민 정책
상 쓰는 일이 많다."고 덧붙였다.[62] 즉 동화정책으로 내건 결혼정책
은 제국이 식민지민을 동화시키기 위한 정책이라며 반대했다.

우봉운

남편의 부재와 따뜻한 어머니

1909년에 경신학교를 졸업한 기태진은 함경도 성진의 협신중학교 교사로 일했다. 협신중학교는 이동휘가 성진에 설립한 학교로 오영선과 기태진, 홍우만 등을 초빙했다. 1910년 말 군자금 모금 사건인 이른바 '안악사건'으로 신민회 조직이 드러났는데, 이로 인해 이동휘는 1911년 3월 체포되어 서울로 압송되었다. 기태진도 사건에 휘말리면서 간도로 몸을 피했던 듯하다.

1914년 가을 간도 명동에 무사히 도착한 성재(誠齋, 이동휘) 선생은 먼저 망명하여 온 이의순과 그 약혼서(約婚壻) 오영선, 기태진과 그 처 우봉운 여사, 홍우만 선생 등을 반가이 만나고 김약연 선생과 동포들의 뜨거운 환영을 받으며 독립운동의 지도자로 추대되었다.[63]

1914년에 우봉운과 기태진은 북간도에 머무르면서 명동학교에서 학생들을 가르쳤다.

남편은 남학과에 부인은 여학과에 교편을 잡아 종교와 교육계에 도움이 적지 않을뿐더러 두 분 사이에도 길러주는 재미가 많았던바 4, 5년 전에 성진으로부터 북간도에 와서 역시 한 모양으로 교육에 종사하다가 재작년에 기태진 씨는 내지로 나가고 그 부인은 혼자 명동학교 여자 기숙실에서 밤낮 소식만 기다려도 아무 통신이 없는지라 우 씨는 내지로 나가서 탐문하다가 강원도 금강산에 있다는 소식을 듣고 가본즉 기가 막혀서 (우봉운은) "여보 당신은 당신 생각대로 중노릇을 하지만 나는 당신을 따라 여승 노릇은 못 하겠고 오직 저 아들 웅이를 데리고 북간도에 나가서 교육을 시키며 하나님 앞에 일을 하다가 당신이 회개하는 날이면 다시 만날런지요" 하고 돌아왔다.[64]

위의 기사에 따르면 남편 기태진은 1916년에 출가한 듯하다. 우봉운이 남편을 만나러 큰아들 기웅을 데리고 금강산까지 찾아갔지만 돌이킬 수 없다는 사실을 알고 다시 북간도로 돌아왔다. 그 뒤 우봉운은 북간도와 블라디보스토크에서 기웅과 기의벽 두 아들을 양육하며 교육운동도 하고, 독립운동을 하다가 1920년대에 조선으로 돌아왔다.

1921년 말 또는 1922년 초에 조선으로 들어온 우봉운은 처음에는 남편 기태진의 도움을 받았다. 기태진의 법명은 기석호였는데, 기석호는 1918년경에 혜월의 법제자가 되었다. 기석호는 1922년 총무원 의사회의 의사원으로 선출되었고, 1923년 전조선청년당대회에 조선불교청년회 대표로 참석했다. 조선불교청년회는 조선불교유신회를 조직하고 일제의 불교계 통제책의 핵심인 사찰령 철폐운동을 강력하게 전개했다.[65] 기석호는 1923년까지 각황사에서 각종 강연을 이어갔다. 불교청년운동을 주도하고 있는 조선불교청년회는 기득권적인 주지 계층의 압박과 일제의 탄압으로 1924년 이후에는 침체되었다.[66] 그 결과 조선불교유신회는 해체되었으며 조선불교청년회도 간판만 유지하는 상태였다.

조선불교유신회가 해체되면서 1925년에 기석호는 원산 불교포교소에 포교사로 갔던 것 같다. 1928년에 수송동 각황사에서 다시 강연을 시작했고[67] 선우공제회 발기인으로 참여해 전무간사, 서무부 이사를 역임했으며 1933년 선학원이 재건될 때 선리참구원 발기인으로 참석했다. 1935년에는 조선불교선종종무원 평의원으로 활동했다. 그해 '조선불교수좌대회'를 개최했는데 기석호는 의장으로 회를 주관했다.

> 조선불교수좌대회는 지난 7, 8일 양일간에 긍하여 시내 안국동 40번지에 있는 조선불교선리참구원 대법당에서 열리었는데 의장 기석호 씨 사회로 조선불교선종종무원 원규를 비롯하여 6종의 규약을 통과한 후 아래와 같이 임원 선거를 하였다고 한다.
> 종정 신혜월·송만공·방한암, 원장 오성월, 부원장 설석우, 이사 김적음·정운택·이올연, 선의원 기석호·하용택·황용음 외 20인[68]

기석호는 조선불교청년회, 조선불교유신회에서 활동했고, 선학원이 창립될 때부터 1940년 죽음에 이르기까지 선학원 내에서 중요한 임무를 맡았다.

우봉운은 1920년대 초반 경성에서 자리를 잡기 위해 기석호의 도움을 받았다. 하지만 두 아들의 가장은 우봉운이었다. 첫째 아들 기웅과 둘째 아들 기의벽은 그림에 소질이 있었다. 1930년 〈동아일보〉 주최 '전조선학생전'에 기웅은 2등으로 입상했다. 아래는 기웅의 인터뷰 내용이다.

금번 학생전에 도화(圖畵)에 2등으로 입상된 배재고보의 기웅 군을 찾았다. 군은 바로 조선의 유명한 여류 사회운동가 우봉운 씨의 한낱의 귀여운 아드님으로 독특한 환경 아래에서 자라난 사람이다. (…)
'유화를 그리시기 시작한 지는 얼마나 되십니까' 하고 기자의 묻는 말에
'만 2년쯤 되었습니다. 원체 그림 그리기를 좋아함으로 학교 공부는 둘째로 밀게 됩니다. 한 달에 한 장씩은 꼭 그려야만 맘이 가뿐합니다. 그래서 사방으로 모델거리 찾아다니기에 틈이 없지요.'
(…) 기웅 군은 제1회 때 학생전에도 2등으로 입상되었었다. 그리고 군은 어릴 때부터 그림에 취미와 특재를 남보다 뛰어나게 가졌지만 다만 어머니 한 분의 힘으로 교육을 받는 관계로 보통 이상의 쓸쓸한 학생 생활을 하였다는 것이다.
'어머니는 아침에 나가시면 이렇게 늘 혼자 있게 됩니다. 대개는 저녁때까지 들어오시지만 만일을 염려하여 쌀을 일어놓고 나가십니다. 늦으면 나 혼자 해 먹지요.'[69]

우봉운

기웅(왼쪽), 기의벽과 입상 작품(오른쪽)

『街路』의 作者

奇義闢 君

美展初入選

譽聲을어든 藝苑의 俊才

本社學生展入賞者

그리고 이듬해인 1931년에 둘째 아들 기의벽도 〈동아일보〉 학예부 주최 ‘제2회 학생작품전람회’에서 입상했다.

본사 학예부 주최 제2회 학생작품전람회에서 첫머리로 입상된 기의벽 군은 이번 미전(美展)에 서양화 〈가로(街路)〉를 출품하여 첫 입선의 기꺼움을 느끼게 되었다. (…)

억압과 멸시와 굴종에서 단연히 튀어 나오라!

의벽 군은 근우회의 현 주요 간부로 다년간 조선 여류운동 선상에서 꾸준한 활약을 계속하는 우봉운 여사의 둘째 아들로 다만 어려운 어머니 홀로의 주선으로 교육을 받은 사람이다.

'내가 그동안 돈이 쫓기고 걱정에 시달린 일을 어찌 다 말하겠습니까. 그아이 교육비를 만드느라고 가진 직업 부인의 경험도 많이 얻었습니다. 보통중학교를 마치게 하기도 어려운데 화구(畵具)까지 얻어주느라고 몇 갑절 속이 탔습니다. 지금은 남의 보조도 받아 겨우 미술전문을 계속하고 있으나 역시 학비 부족으로 머리를 썩이고 있습니다.'

이렇게 말하는 모친의 얼굴에는 기쁨의 빛 외에 분명히 걱정스러운 빛이 몇 줄기 떠돌았다.[70]

미전에 대한 평을 내놓은 서양화가 김종태는 기의벽과 그의 작품 〈가로〉에 대해 '좋은 그림이며 유망한 작가'라고 평했다.[71]

우봉운의 작은 어깨에 짊어진 무게는 결코 가볍지 않았다. 그럼에도 우봉운은 아들들이 꿈을 잃지 않도록 길러냈다. 가난했지만 결코 여성운동과 독립운동을 놓지 않았으며, 두 아들이 꿈을 실현할 수 있도록 온갖 일을 도맡아 했던 어머니로서 우봉운은 위대하다.

우봉운

1893	· 경남 김해 출생
	· 1889년 출생으로 알려짐
1910	· 정신여학교 졸업
1911	· 대구 계성여학교 교사 3년간 재직
1913	· 북간도로 망명
1914	· 명동학교 교사, 철혈광복단 여자 단원
1919	· 블라디보스토크 신한촌 삼일여학교 교사
1920	· 부인독립회 간호사 양성과정 참여, 간도애국부인회 회장
1922	· 조선불교여자청년회 회장
	· 능인여자학원 교장
1923	· 전조선청년당대회 준비위원, 민립대학발기총회 경성부 발기인, 서선수해구제회 집행위원
1924	· 조선여성동우회, 조선청년동맹 결성에 참여
	· 조선기근구제회 집행위원
	· 북풍회 참가
1925	· 경성여자청년동맹 결성 참여
1926	· 정우회 참가
1927	· 신간회 참가
	· 5월 근우회 창립대회에서 중앙집행위원 및 재무부 위원
1928	· 7월 근우회 임시전국대회에서 중앙검사위원
	· 근우회 경성지회 대의원
	· 고박원희동지 각사회단체연합장의위원회 위원
1929	· 경성여자소비조합 창립위원
	· 근우회 경성지회 유급상무위원
	· 근우회 제1차 전국대회 준비위원회에서 접대부 책임, 중앙집행위원으로 선임
	· 메이데이 격문 사건으로 가택 수색, 검거
	· 경북기근구제회 발기인
1930	· 근우회 제2차 중앙집행위원에서 재정부장

1931	· 만주조난동포문제협의회 집행위원
1945	· 경성시 인민위원
1946	· 전국여성단체총연맹 연락위원
1947	· 건민회 부녀부장 · 불교여성총연맹 위원장 · 민족자주연맹 전형위원 중앙집행위원
1948	· 민족자주연맹 부녀부장 · 자주여성동맹위원장 · 민주독립당 부녀위원회의 대표 · 남조선인민대표자대회에 참가, 제1기 최고인민회의 대의원 선출

우봉운

2

김명시

동아시아를 무대로 일제에 총을 겨눈 투사

金命時, 1907~1949

조선 잔 다르크의 귀환과 경찰서에서의 '자살'(?)

1945년 12월 말, 일간 신문들은 아래와 같은 기사를 일제히 보도했다.

다년간 천진·북경 등지의 조선독립동맹 분맹 책임자로서 또 조선의용군 총사령 무정 장군에 직속하여서 항일의용군전을 용감히 계속하여오던 여장군 김명시 여사가 최근 서울에 들어왔는데 (…) 해외에 있어서의 조선혁명가의 투쟁 역사를 말하였다. (「일군 하에 비밀 활약, 독립동맹의 여장군 김명시 여사 담(談)」, 〈중앙신문〉 1945년 12월 22일)

연안(延安) 독립동맹 영수의 환국을 맞이하여 국내 통일 문제는 아연 활기를 띠고 있는데 무정 장군 직계 지휘관으로 부하 2천 명을 가지고 항일

전에 활약하여 무훈을 세운 우리 조선의 '짠타크'요 현대의 부낭(夫娘)인 연안 독립동맹 여장군 김명시 여사는 수일 전에 개선 귀국하였는데 (…).

(「'독립동맹은 임정과 협조', 조선의 짠타크 현대의 부낭인, 연안서 온 김명시 여장군 담」, 〈동아일보〉 1945년 12월 23일)

일찍이 해외에 망명하여 상해 방면을 거쳐 중국공산당의 지구에 들어가 연안에서 우리 동포들의 혁명단체인 독립동맹원으로 또 중국공산군의 팔로군으로 활약하면서 최근에는 천진 방면에서 조선 청년들을 규합하여 항일 전선에 활약하다가 얼마 전에 입경한 여장군 김명시 여사는 (…) 주목을 끌었다. (「먼저 임무 완수의 정신을, 이것이 지금 조선 여성의 나아갈 길」, 〈조선일보〉 1945년 12월 25일)

「해외 여성 투사 맞아 시국강연대회 개최」(〈신조선보〉 1945년 12월 26일), 「우리의 피로 조선을 찾자, 이채 띤 김명시 여장군의 축사」(〈자유신문〉 1945년 12월 27일), 「중국에서 환국한 여장군 김명시와 그의 독립투쟁사」(〈국민보〉 1946년 7월 17일) 등으로 김명시를 다룬 기사는 이어졌다.

김명시는 여성으로서 해방공간에서 유일하게 '장군'으로 불렸다. 그녀는 독립동맹, 조선의용군, 팔로군에서 총을 들고 싸웠던 투사였다. 그가 서울에 도착한 때는 1945년 12월 20일 정도인 듯하다. 김명시는 서울에서 강연하고, 축사하고, 연안에서의 활동을 소개하려 바쁘게 돌아다녔다. 그랬던 김명시의 소식은 1949년 10월 10일 이후에 더 이상 들리지 않았다.

일제시 연안 독립동맹원으로서 18년 동안을 독립운동을 했으며 해방 직후에는 부녀동맹 간부로 있었으며 현재 북노당 정치위원인 김명시는 수일 전 국가보안법 위반으로 부평경찰서에 구속되었다 하는데 유치된 지 이틀 만에 철창 속에서 목을 매어 자살을 하였다 한다.(「김명시 자살」, 〈경향신문〉 1949년 10월 11일)

「북로 간부 김명시, 부평서 유치장서 자살」(〈자유신문〉 1949년 10월 11일), 「부평서 유치장서 김명시 자살」(〈한성일보〉 1949년 10월 11일), 「북로당 정치위원 김명시, 유치장서 자살」(〈동아일보〉 1949년 10월 11일) 등 1949년 10월 11일자 모든 신문들은 김명시가 부평경찰서 유치장에서 자살했다는 소식을 전했다. 또 다른 일간지는 단독 기사가 아닌 내무부 장관 기자회견 내용 가운데 유치인 자살 사건으로 다루었다. 그리고 '장군'이 아닌 '무직자'로 소개되었다.

10월 5일 오전 5시 40분 부평경찰서 제6호 감방에서 (…) 무직자 김명시가 웃 저고리를 찢어 수도에 목을 매고 자살하였다. 그는 9월 16일 국가보안법 위반으로 서울시 경찰국에 검거되어 부평서에 유치 중이던 것으로 (…).(「김명시 자살 사건 진상」, 〈조선일보〉 1949년 10월 14일)

김명시의 귀국을 보도한
1945년 〈동아일보〉 기사(위)와
김명시의 죽음을 보도한
1949년 〈한성일보〉 기사(아래)

유치인 자살 사건에 대하여 : 10월 5일 오전 5시 40분경 부평경찰서 유치

장에서 김명시(42, 무직)라는 여자가 자살하였다. 이 여자는 국가보안법

위반으로 취조를 받아오던 바인데 유치장에서 자살하게 감시를 등한한

관계 직원에 대하여는 행정 조치를 취하였다.(「동계 내에 폭도 완전 소탕, 김

내무부 장관 기자단 회견 담」, 〈충청매일〉 1949년 10월 15일)

중국에서 일제와 맞서 싸웠던 김명시가 서울로 돌아온 지 3년

10개월 만에 유치장에서 싸늘한 죽음을 맞이한 것이다.

김명시

육군 방첩대(CIC)에 체포된 김명시

김명시의 죽음은 일제히 '자살'로 보도되었는데 의심되는 몇 가지 지점이 있다. 김명시의 '자살'을 다룬 〈경향신문〉 1949년 10월 11일 자와 14일자 기사를 살펴보자.

그(김명시)는 구속되자 동 서내 독방에 구류되었는데 간수의 눈을 피하여 유치장 (벽)을 통한 수도 파이프에 자기의 치마를 찢어서 걸어놓고 목을 걸고 앉은 채로 자살한 것이라 한다. 이 급보를 접한 서울지검에서는 오제도, 선우종원 양 검사가 현장을 검정하였는데 자살로 판명되었다 한다.[1]

김 내무장관은 13일 기자단 회견 석상에서 현하 제반 문제에 관한 기자 질문에 다음과 같이 답변하였다. (…)

문 : 유치인 자살 사건의 진상 여하?

답 : 동인은 (…) 무직 김명시라는 여자로 그는 국가보안법 위반으로 지난 9월 29일 서울시 경찰국에서 부평경찰서에 유치 의뢰한 것으로 지난 10일 오전 5시 40분경 자기의 상의를 찢어서 유치장 내에 있는 (약) 3척 높이 되는 수도관에 목을 매고 죽은 것이다.[2]

위의 기사에 따르면, 첫째 그녀가 자살한 도구가 다르다. 내무부 장관은 저고리를, 이전 기사에는 치마를 찢어 자살 도구로 사용했다는 것이다. 둘째, 자살 방법이다. 내무부 장관은 수도관의 높이를 3척이라고 했다. 1척이 30.3cm이므로 3척은 90.9cm로 100cm가 안 된다. 김명시의 키가 아무리 작다 하더라도 이렇게 낮은 높이의 수도관에 목을 맬 수 없을 것이다. 그런 까닭인지 10월 11일 기사에서는 앉아서 목을 맸다고 보도한다. 아무리 자살의 의지가 있다 하더라도 약 90cm되는 높이에 앉은 채로 목을 매 자살이 가능한지 의문이다. 셋째, 자살한 시간과 부평경찰서로 이관된 시점이 신문마다 다르다. 〈경향신문〉 10월 14일자 기사는 '서울시 경찰국이 9월 29일에 부평경찰서로 의뢰, 10일에 자살', 같은 신문 10월 11일자 기사는 '부평경찰서에 유치된 지 이틀만에 자살', 〈동아일보〉 10월 11일자 기사는 '지난 3일 하오에 자살', 〈조선일보〉 10월 14일자 기사는 '10월 5일 오전 5시 40분에 자살, 9월 16일 서울시 경찰국에 검거되어 부평경찰서에 유치 중', 〈자유신문〉 10월 11일자 기사는 '지난 9월 3일 부평서에 피검되었는데 지난 2일에 자살', 〈한성일보〉 10월 11일자 기사는 '지난 1일 부평경찰서에 체포, 3일 독방 감방에서 자살' 등으로 일치되는 기사가 없다. 김명시를 체포한 기관도 서울시 경찰국 또는 부평경찰서라고 보도되었다.

　김명시의 자살을 보도한 기사들은 자살 도구와 방법 그리고 검거 일과 자살 시간과 관련해서 어느 하나도 정확한 사인과 과정을 설명하고 있지 않다. 왜 이런 상황이 벌어졌을까? 이 보도들은 모두 사실을 기반으로 쓴 것이 아니기 때문이다.

김명시

양한모와 오제도의 기록에 따르면 그 의문이 풀린다. 양한모는 「전환기의 내막」에서 "정백은 남한에 도착한 지 1주일 만에 별 활동도 하지 못한 채 체포되고 말았다. 정백의 진술로 무난히 청파동 모처에 있는 고명자를 체포했다. 이 무렵 중공군 출신인 여장군이었던 김명시라는 여자도 군 수사기관에 의해 체포되었다."라고 밝혔다.[3] 그리고 오제도는 『사상검사의 수기』에서 정백 체포 과정을 "월남한 지 얼마 되지도 않은 11월 16일의 늦은 밤 시내 낙원동 모처에서 서울경찰국 H경위 일행에게 체포되었던 것이다."라고 기술했다.[4]

이들의 설명에서 하나는 분명하다. 김명시는 서울시 경찰국에 체포된 것이 아니다. 만약 서울시 경찰국에 체포되었다면 서울시 경찰국 경위로 남로당 서울시당을 와해시켰던 양한모가 모를 리가 없다. 그리고 아무리 서울시 경찰국 유치장이 미어터질지라도 '거물'에 해당했던 김명시를 부평경찰서로 이관하지도 않았을 것이다. 양한모의 진술대로 김명시는 군 수사기관에 체포되었다. 따라서 일간지 보도에서는 그간의 정황을 알 수 없었고 모두 제각각 뜬소문을 보도했던 것이다.

그렇다면 군 수사기관은 어떤 기관이었고, 어떻게 민간인을 체포할 수 있었는가. 대한민국 정부 수립 뒤 육군본부에 정보국이 만들어졌다. 육군 정보국은 1948년 11월에 특별정보대를 조직했고, 이전보다 권한도 커졌다. 정보국이 강화된 계기는 군 내부의 좌익 인물을 척결한 '숙군'이었다. 군에서 좌익을 제거하는 작업은 남로당·북로당 당원 검거를 넘어 민간인을 사찰하고 감시하는 데까지 확대되었다.[5] 1949년 10월, 정보국 특별정보대는 제2과 방첩대로 개칭 변경되었고, 10월에는 오제도가 참가하는 군경합동수사본부를 정보국 제2과(방첩대)에 설치했다.[6] 방첩대에 의한 민간인 체포가 빈번하자 국회도 이를 문제 삼았다. 1949년 10월 7일 제15차 국회 본회의에서 국방부 장관을 불러 이를 질문했다. 국방부 장관은 "방첩대라는 것은 군에서만 할 터이고 정보라고 하는 것도 군에서만 하라고 했습니다. 잡을 사람이 군인이라고 하면 헌병에 위탁해서 헌병에서 잡고 민간인이라고 할 것 같으면 경찰에서 잡으라는 것입니다."라고 답변했지만[7] 그 뒤에도 방첩대의 민간인 체포는 멈추지 않았다.

김명시는 육군 방첩대에 체포되었던 것이다. 그런 까닭에 김명시의 죽음이 석연치 않게 묻혀 있었다. 장군이라고 불렸던 김명시의 이야기를 직접 들어보자. 그녀의 이야기를 들으면 이 미심쩍은 상황이 정리되리라. 아래는 〈독립신보〉 기자가 '혁명 자체'라고 묘사한 김명시를 찾아가 인터뷰한 내용이다.

"투쟁하신 이야기를 좀 들을까요." 하고 물으니

"열아홉 살 때부터 오늘까지 21년 간의 나의 투쟁이란 나 혼자로선 눈물겨운 적도 있습니다마는 결국 돌아보면 아무 얻은 것 하나 없이 빈약하기 짝이 없는 기억뿐입니다."

이런 검사의 말을 잊어버리지 않았다.

(…)

"1925년에 공산대학엘 들어갔습니다. 그리고 27년도에 파견되어 상해로 와 보니 장개석 씨의 쿠데타가 벌어져서 거리마다 공산주의자의 시체가 누웠더군요. 거기서 대만, 중국, 일본, 비율빈(필리핀), 몽고, 안남(베트남), 인도 등 각국 사람들이 모여서 동방피압박민족반제대동맹을 조직하고 또 그 이면에서는 중공한인특별지부 일도 보게 되었습니다. 28년에 무정 장군을 강서로 떠나보내고 그다음 해 홍남표 씨와 만주에 들어가서 반일제동맹을 조직했습니다. 그때 마침 동만폭동이 일어나서 우리는 하얼빈 일본영사관을 치러 갔습니다. 그다음 걸어서 흑룡강을 넘어 치치하얼을 거쳐 천진, 상해로 가던 때의 고생이란 생각하면 지긋지긋합니다. 상해에 가니까 김단야, 박헌영 제씨가 와 계시더군요. 그다음 나는 인천으로 와서 동무들과 『콤뮤니스트』, 『태평양노조』 등 비밀 기관지를 발행하다가 메-데-날(5월 1일) 동지들이 체포당하는 판에 도보로 신의주까지 도망을 갔었는데 동지 중에 배신자가 생겨서 체포되어 7년 징역을 살았습니다. 스물다섯 살에서 서른두 살까지 나의 젊음이란 완전히 옥중에서 보낸 셈이죠."

그다음 연안 독립동맹(화북조선독립동맹)에 들어가서 천진, 북경 등 적 지구에서 싸우던 눈물겨운 이야기, 그 중에도 임신 중에 체포되어 매를 맞아서 유산하던 이야기, 밤에 수심도 넓이도 모르는 강물을 허덕이며 건

김명시(왼쪽), 김명시를 그린 〈독립신보〉의 캐리커처(오른쪽)

너가던 이야기 등은 소설이기엔 너무도 심각하다. 싸움이란, 혁명에 앞장
서 싸우는 것이 신명나는 일이라고 고개를 숙이며 일어나서 나왔다.[8]

해방 조선으로 돌아오는 길

김명시가 서울에 들어온 때는 1945년 12월 20일 정도인 듯하다. 이
때 그의 직함은 조선독립동맹 천진지부 책임자, 조선의용군 총사령
관 직속부대 장군이었다. 이들 항일무장부대가 어떤 과정을 거쳐 조
선으로 들어왔는지 기록으로 남아 있는 것은 드물다. 당사자들이 남

긴 인터뷰나 전기를 통해 알 수 있지만 이 또한 쉽지 않다. 그런 점에서 김명시의 1945년 12월의 인터뷰는 귀중한 문헌 자료다. 그의 인터뷰를 들어보자.

금년(1945년)에 들어와서 나날이 변하는 세계 정세에 비추어서 이 정세에 가장 적절한 전술 전략과 투쟁 방침을 결정하며, 일군의 항복이 불원(不遠)하다는 판단으로서 의용군을 거느리고 조선에 진격하여, 조선의 일본제국과 한번 싸워 이를 완전히 소탕할 계획과 조선 독립의 노선과 방침을 결정하기 위하여, 국치 기념일인 금년 8월 29일을 기회로 조선독립동맹 제3차 전체대회를 연안에서 개최하기로 결정되어 각지의 대표 동지들은 속속히 연안으로 모여들게 되었다.

이때에 나는 천진분맹 책임대표로서 몇 동지와 같이 (1945년) 7월 10일에 천진을 떠나 도보로 갖은 신고(辛苦)를 겪으며, 적의 봉쇄선을 돌파하면서 연안으로 향하는 도중에 8월 10일 경에 태원 산중에서 팔로군과 일군(日軍)이 접전하는 마당에 당도하게 되어 할 수 없이 우리의 행군을 중지하고, 가까운 촌에 기대하고 있던 중, 무전에 의하여 일본의 항복을 알게 되었다.

이때에 감개는 가슴이 뻐근하여 그저 울음뿐이었다. 그러자 연안에서는 대회를 중지하고, 연안으로 들어오는 각지 대표에게 그대로 도로 돌아서서 봉천(지금의 심양)에 모이라는 지령이 왔기 때문에, 우리도 그 길로 돌아서 다시 봉천으로 행군을 개시하였다. 이때 연안에서는 8월 15일 즉시로 주덕 장군은 무정 장군을 조선의용군 총사령관으로 임명하여 조선에 들어가 (⋯) 조선 해방전에 참가하기를 권하였으며 조선독립동맹에서는 김두봉 씨를 주석으로 한빈·최창익 씨를 부주석으로 결정하였다.

그리하여 무정 장군은 의용군 선발부대를 거느리고 봉천으로 향하여 행군을 개시하고 이와 함께 조선독립동맹 동무들도 전위 투사를 거느리고 고국을 향하여 떠났다. 이리하여 각지로부터 봉천을 향하여 출발한 의용군 선발대 ○○명을 그동안 7000리의 행정을 도보로 일병 패전군과 싸우면서 돌파하여 11월 3일에 봉천에 집결을 완료하였다. 고국을 향하여 봉천에 집결하는 행군 도중에 일병으로부터 제대된 동포 병사들이 다수 합하게 되었으며, 행군 중의 우리의 복장은 팔로군과 동일한 군복이었다. 그리고 11월 7일에 봉천에서는 러시아혁명기념일 관병식이 있었는데 이 관병식에 우리 의용군 (⋯) 6000여 명이 완전히 무장을 하고 무위당당(武威堂堂)하게 소군과 함께 참가하였는데, 이 가운데는 여 동무도 수백 명이 참가하고 또 봉천에 있는 조선 동포들도 우리의 뒤에 따라섰다. 이날 해외 수십 년 혁명 생활에서 해방된 고국을 눈앞에 두고 이 관병식에 참가한 우리의 감개도 컸지마는, 봉천에 있던 동포들은 조선에도 이 같은 씩씩한 군대가 있어서 조국의 해방을 위하여 그 악독한 일본과 싸워왔구나 하는 감격에 울지 않는 사람이 없었다. 그리고 국제 관계 등을 고려케 하여 봉천에서 군복을 사복으로 갈아입고 2주간 머무르다가, (⋯) 조선의용군 일부는 북만으로, 일부는 남만으로, 그리고 대부분은 압록강 연안에 흩어져 갈리고 조선독립동맹 동지들과 의용군의 일부는 안동(현재의 단

김명시

둥)까지 와서 그곳에서 20여 일을 체제하면서 국내 사정을 연구하여 우리가 가질 노선을 파악하기에 노력했다. 그리하여 우리는 국내의 동지들과 뒤떨어지지 않으며 국내 동지들의 일에 방해가 되지 않고 같이 손을 잡고 조선 건국을 위하여 일하기를 준비하고 있었던 것이다. 그리하여 우리는 국내의 건국 동지들과 통일된 전선을 결성하고 조선의 완전 독립을 위하여 싸우려고 결의하였다.[9]

김명시의 인터뷰는 「해외 투쟁의 혈극사(血劇史), 화북서 온 여투사 김명시 회견기」(〈해방일보〉 1945년 12월 28일), 「일군 하에 비밀 활약, 독립동맹의 여장군 김명시 담」(〈중앙신문〉 1945년 12월 22일), 「중국에서 환국한 여장군 김명시와 그의 독립투쟁사」(〈국민보〉 1946년 7월 17일, 7월 24일) 등으로 보도되었다. 그의 인터뷰를 토대로 구성하면, 서울로 들어온 과정은 아래와 같다.

김명시의 이동로

날짜	지역	내용
1945년 초	천진	8월 29일에 연안에서 조선독립동맹 제3차 전체대회 개최 결정.
7월 10일		천진분맹 대표로 천진에서 연안으로 출발.
8월 10일	태원	태원에서 팔로군과 일군의 전투로 인해 촌락에서 대기하다가 무전으로 일본의 항복 소식 들음. 연안행 취소. 심양 집결 명령, 행군 중 징집된 조선인 병사들 합류.

11월 3일		심양 집결.
11월 7일	심양	6000여 명의 조선의용군, 러시아혁명기념일 열병식에 무장하고 참가. 여성 대원 수백 명. 군복에서 사복으로 갈아입음. 2주간 체류.
11월 20일 즈음		심양 조선의용군은 북만, 남만, 압록강 연안에서 나뉘어 흩어짐.
12월 10일 즈음	단둥	단둥에서 20여 일간 체류. 독립동맹과 조선의용군은 국내 사정 연구하고 노선 확정.
12월 20일 즈음	서울	도착.

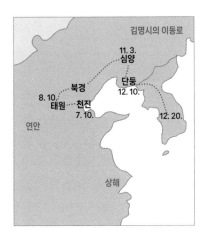

김명시에 따르면 연안과 태항산으로 향했던 조선의용군은 일본군의 항복 소식을 접하고 만주 심양으로 발걸음을 옮겼다. 1945년 11월 초순에 심양시 교외 고력툰에서 조선의용군 1000여 명은 '조선의용군 군인대회'를 개최했다. 대회에서 무정은 소수의 노(老) 혁명가만 조선에 돌아가고 나머지는 남만주, 동만주, 북만주의 조선인 거주지로 가 조선인들을 조직해 힘을 확대하자고 말했다. 조선의용군은 제1지대, 제3지대, 제5지대로 나누어 전투부대로 재편되었다.[10] 대회 뒤에 각 의용군 부대는 남만, 동만, 북만으로 들어갔다. 김두봉, 최창익, 한빈, 무

정 등 "소수의 노 혁명가"들은 1945년 말 압록강을 건너 평양으로 들어갔다.

김명시, 박진홍, 김태준 등은 평양을 들러 서울로 들어왔다. 7000리를 걸어 심양에 도착했던 조선의용군의 존재는 '어느 날 갑자기' 해방이 주어졌다는 평가를 무색하게 한다. 조선 안팎에서 쉬지 않는 항일운동 세력이 있고, 조선의용군도 그 중 한 세력인 것이다. 그리고 그 중심에 김명시가 서 있다. 그 때문에 해방공간 김명시가 서울로 돌아왔을 때 모두 '장군'이라 불렀던 것이다.

남녀 역할이 따로 없다
─조선부녀총동맹 중앙집행위원

1945년 12월 23일 조선부녀총동맹(부총) 결성식 제2일에 김명시가 연단에 올라섰다. 각 지방의 사정을 보고할 차례였다. 중국 연안에서 팔로군과 협력해 싸운 장군 김명시의 보고를 먼저 들려달라는 요청이 대의원 석에서 나왔다. 우레 같은 박수 소리와 함께 김명시가 등장했다.

그는 먼저 허정숙, 주세죽의 근황을 알렸다. 전선에서, 후방에서 여자들이 남자들과 함께 어떻게 용감하게 싸웠는가를 실감 나게 이야기했다. 결코 "여자의 힘이 미약한 것이 아니요 남자의 하는 무슨 일이라도 훈련 여하에 따라서는 능히 담당해 나갈 수 있는 것을 증명하고 끝으로 중국 해방구의 여성들도 가정을 가지고 있어 밥을 해 먹고 아이들을 기르지만 정치적 대중집회 같은 데엔 한 사람도 빠지지 않고 참가한다."는 실정을 들려주었다.[11]

　김명시는 부총 결성식에 참가한 뒤 26일에 국군준비대 전국대회에 참가해 축사를 했다. 26일 오전 10시, 중앙중학교 강당에서 열린 국군준비대 전국대회는 김구를 비롯해 김원봉, 성주식, 안재홍 등이 참석했다. 김명시는 조선의용군 장군의 자격으로 참석해 축사를 했던 것이다. 김명시는 부총 중앙집행위원, 선전부위원으로 선출되었다. 그리고 활발한 활동을 이어갔다. 아래는 신문에 보도된 해방공간 김명시의 활동 흔적이다.

해방공간 김명시의 활동

1945년	12월 23일	부총 결성식 참가
	12월 26일	국군준비대 전국대회 축사
	12월 28일	조선여론사에서 개최한 강연회에서 '중국 여성의 애국운동' 주제로 강연
1946년	1월 8~9일	조선노동조합전국평의회 시사 강연, 영등포 용산공작, 경성방직, 조선피혁 각 강당에서 강연
	2월 10일	부녀동맹도총지부 결성대회, 명예의장으로 추대
	3월 9일	민주주의민족전선 전남도위원회 결성식, 명예의장으로 추대
	4월 16일	서울시 민전 결성대회 의장단으로 선출
	5월 1일	해방 후 첫 메이데이날 김명시 축사

	6월 16일	수원 민주주의 대강연회 강연, 청중 4000여 명이 모임
	11월 27~28일	남로당 기념강연회, '북조선 민주건설에 대하여' 주제로 강연
1947년	2월 16일	민전 제1위원회 개최 참가
	3월 8일	국제부인데이, 혁명 가족 위안사 발표
	5월 20일	미소공위 소련 대표단 입경 환영
	6월 2일	미소 양 대표 방문해 인민위원회로 하는 정부를 만들어달라는 메시지 전달
	6월 6일	야전병원 간호부장 자격으로 지방 테러 사건 조사단에 참가
	6월 25일	안재홍 민정장관 방문, 반탁 데모 참가 단체 해체와 항의서 제출
	7월 4일	미국 독립기념일, 민전 축하식 거행 참가, 축하 메시지와 꽃다발 전달
	7월 6일	남조선민주여성동맹 중앙상임위원회
1948년	3월 1일	3·1운동 제29주년 기념대회 준비위원

위의 활동은 극히 일부분이다. 해방공간에서 인터뷰 이외에 쓴 글이 남아 있지 않기에 그이의 생각이나 인식을 확인하기 어렵다. 그렇지만 부총이 주최한 '공창 폐지와 사회 대책 좌담회'에서 김명시의 생각을 들을 수 있다. 1946년 6월 23일 백합원(百合園)에서 열린 좌담회는 40여 명이 참석했고, 부총 위원장 유영준이 사회를 맡았다.

사회 : 공사창제도가 이 사회에 존재함으로써의 인도적, 사회적 죄악에 대하여 말씀해주시면 감사하겠습니다.

김기전(청우당) : 재래의 조선에는 없던 제도이고 일제가 남겨주고 간 유산인데 (…) 영업을 근본적으로 철폐하고 법령을 좀 더 강화시켜야 합니다.

이북만(독립신문) : 이 공사창 문제라는 것은 경제적, 사회적 근본 문제가 해결되기 전에는 법령으로만은 될 수 없는 문제인 만큼 현 조선에 있어서는 곤란할 줄 압니다.

사회 : 물론 그 말씀은 옳습니다. 여성의 경제적 완전 독립이라는 문제가 해결되지 못하고 있는 이때 완전 철폐라는 것은 불가능할지도 모르겠습니다. 그러니만큼 더욱 우리들은 민주주의국가가 서기를 바라는 것이지마는 이미 인신매매 폐지 문제가 세상에 나타나게 되었을 때 부총으로서는 그대로 있을 수가 없습니다. 현 단계에서 가능한 정도로 적극 노력하려 하고 있습니다.

장 의사(신정의원) : 그동안 70호가 발포된 후로 약 100명은 줄었지만은 1일에 10명씩 증가하고 있는 현상에 비추어 도리어 늘었다고도 볼 수 있습니다. (…)

이원조(현대일보) : 군정청의 입법은 애매하다고 생각합니다. 군정 당국에 공창 폐지 진정서와 건의문을 각 구제단체, 사회단체의 날인을 받고 제출하는 게 좋겠습니다.

사회 : 그들의 생활 문제, 갱생 지도와 업자의 전직 방책을 강구하면 좋겠는데 너무도 사회 일반에서는 무관심한 것 같습니다. (…)

김명시(부총) : 일본의 잔재를 그냥 두고 70호라는 법령 자체가 아주 안 주면 안 주지 조금 준다고 말만 꺼내고 다시 뺏어버린 감이 있어

김명시

요. 인신매매제도 폐지라는 것은 곧 공사창 폐지임에도 불구하고 공창제도는 있을 수 있으나 인신매매제는 철폐한다는 법령은 아주 모순된 법령이 아닙니까? 물론 현재 민주주의국가 건설이 당면의 급한 문제이고 우리가 바라는 민주주의국가가 건설되면 이런 문제도 일어나지 않을 것이지만은 그러한 건설을 앞두고 이 여성 문제의 어느 정도 해결 없이 천오백만 명의 여성이 어찌 이 전선에 나설 수 있습니까? 너무 사회단체에서는 이 문제에 대하여 무관심한 것을 우리들은 참 한탄스럽게 느꼈습니다. 좀 더 적극적으로 사회인들이 이 문제에 성의를 보인다면 가능한 범위 내에서 해결할 수 있다고 생각합니다.[12]

미군정은 1946년 5월 17일 법령 제70호, '부녀자의 매매 또는 그 매매 계약의 금지'를 공포했다. 〈동아일보〉는 "이는 실로 군정 이래의 장거라 할 것인 동시에 조선 여성의 해방 사상으로서도 또한 특기하여야 할 사실"이라며 법령 제70호를 '공창 폐지 법령'으로 소개했다.[13]

〈가정신문〉은 「공창제 폐지와 각계의 반향」이라는 꼭지를 통해 '참된 여성해방'이라며 법령 제70호를 공창제 폐지로 이해하고 설명했다. 〈독립신보〉에서도 「공창제 철폐와 각계의 반향」이라는 꼭지를 통해 법령 제70호의 의미를 전했다. 〈조선인민보〉는 「공창 폐지의 쾌거」라는 사설에 "인신매매의 철저한 소탕은 경제적, 사회적 개혁 없이는 기하기 어렵다. 그러므로 미군정은 금차의 쾌거를 유종의 미가 있도록 적극적으로 추진"해야 한다고 했다.[14] 반면 〈자유신문〉은 부녀자의 매매만 금지한 것일 뿐 공창제도 폐지는 아니라며 법령 제70호의 한계를 제기했다.

이렇게 여론이 법령 제70호를 '공창제 폐지'로 받아들이자 5월 28일 러치 장관은 기자단과의 회견에서 "인신매매 금지가 공창의 폐지는 아니다. 물론 사창에는 아무런 관계가 없다. 따라서 창기를 제3자가 팔아먹는 것도 아니고 자기 자신이 자진해서 맺은 계약 아래 종사하는 것은 무방하다."라고 말하면서 사태는 새로운 국면에 들어섰다.[15]

위의 좌담회에서 논자들은 '법령의 강화', '근본적인 문제 해결', '진정서 제출' 등을 제기했다. 그런데 김명시는 법령 제70호와 공창 폐지에 관련해 중요한 논점을 제시했다.

첫째, 일제의 기구, 즉 통치 기구를 그대로 둔 채로 발표한 법령의 무의미함을 지적한다.

둘째, 인신매매 제도 철폐가 곧 공사창제 폐지를 담아내지 않은 법령 제70호는 모순된 법령이라는 것이다. 법령 제70호는 공창의 영업 허가권의 폐지가 아니었으므로 인신매매에 의한 계약을 파기하고 다시 계약을 하면 되는 것이다. 포주와 '창기'는 "(가) 포주는 일종의 하숙 주인에 불과하고 창기는 매월 1500원씩 밥값을 내고 영업을 계속한다. (나) 만약 (가)의 계약이 아닌 경우에는 창기의 침식대 일절은 포주가 부담하고 창기의 수입은 반분한다. (가) (나)가 아닌 경우에는 창기 수입에서 창기는 6할, 포주는 4할의 배당하는" 등 새로운 계약을 맺어 옛 생활을 유지했다.[16]

셋째, 당면 과제가 민주주의국가 건설이지만 여성 문제도 동시에 해결해야 한다고 주장한다. 선성장 후분배가 잘못된 실례인 것처럼 '선 국가 건설 후 해결'이라는 문제 설정도 끊임없는 희생을 요구할 뿐이다. 이는 동시성의 문제이지 선후의 문제가 아니다.

넷째, 사회단체의 무관심이 한탄스럽다며 사회단체의 여성 문제 인식을 비판했다.

다섯째, 완전한 해결을 바라지 않지만 현재적 수준에서 문제를 해결해야 한다고 주장한다.

짧은 발언이지만 그녀의 현실 인식이 드러나 있다. 김명시는 옛 통치 기구의 잔존, 법령의 모순, 문제 해결의 동시성과 현재성을 중요한 논제로 제시했다. 정책의 마련과 실행에도 이 모든 인식이 관철되어 있다.

모스크바 동방노력자공산대학 입학과 중퇴

김명시는 1907년 경상남도 마산 동성동에서 태어났다. 아버지를 일찍 여의고 행상을 하는 어머니 밑에 자랐다. 넉넉한 형편은 아니었다. 1924년 마산공립보통학교를 졸업하고 오빠 김형선의 권유로 서울 배화고등여학교에 입학했다. 그러나 학비를 마련하기 어려워 그만두었다. 1925년 8월 고려공산청년회(고려공청)에 들어가 마산 제1야체이카(세포 단체)에서 활동했고, 10월 고려공청 모스크바 동방 노력자공산대학 유학생으로 선발되었다. 1922년에 고려공청 중앙 총국에서 파견된 박헌영, 김단야, 임원근은 1925년 4월에 서울에 고려공청을 창립했다. 고려공청의 주요 활동 가운데 하나는 유망한 청년들을 공산대학에 입학시켜 혁명가로 양성하는 것이었다.

1925년 10월에 고려공청은 청년 21명을 선발하여 모스크바에 유학을 보냈다. 이때 김명시는 김조이, 고명자와 함께 선발되었다. 김명시는 권오직, 고명자, 김조이 등과 함께 1차 선발대로 중국 상해로 건너가 블라디보스토크를 거쳐 모스크바에 도착했다.[17]

동방노력자공산대학은 아시아에 거주하는 러시아인, 아시아인을 대상으로 혁명운동의 지도자를 양성할 목적으로 설치된 교육 기관이었다.[18] 학생들은 졸업 때까지 학업에만 전념할 수 있도록 모든 것이 무료였다. 동방노력자공산대학은 예비과 1년, 본과 3년으로 구성된 4년제 학교로, 1학년은 오전 11시부터 오후 5시까지 수업을 했고, 2학년 이상은 각자 연구에 집중했다. 인도, 베트남, 타이완, 필리핀 각국에서 온 식민지 청년들이 혁명을 꿈꾸며 공부한 곳이었다. 베트남의 호치민, 중국의 덩샤오핑이 이들 학교를 거쳐 갔다. 이때 함께 간 고명자와 김조이는 공산대학을 졸업했지만 김명시는 몸이 아파서 그만두었다. 김명시는 1927년 6월 동방노력자공산대학을 중퇴하고 상해로 갔다.

이런 이력 때문에 종로경찰서는 1926년 4월 경성지방법원에 제출한 「사상 요시찰인 연명부 추가의 건」에 김명시를 비롯한 고명자, 조원숙, 심은숙, 허정숙, 김조이, 김수준, 강아그니아, 차재정을 요시찰인 명부에 추가했다.

트랜스내셔널 반제운동가

1932년 〈매일신보〉의 「공당대학 출신으로 반제동맹 부인부장 밀사로 들어왔다」는 기사에 김명시가 소개되었다. 이 기사에서 김명시는 "조선공산당 재건의 과정을 말하는 역사"로 평가되었다.

국내 국외 수만 리를 여자의 외로운 몸으로서 비거비래(飛去飛來)하며 이 사건의 중요한 역할을 담당 실행하던 일점홍 김명시는 어떠한 여자인가? 그를 안다는 것은 한낱 호기심의 자극이 된다는 이상으로 실로 조선공산당 재건의 과정을 말하는 역사가 되는 듯한데 일언으로 그는 소화 3년 (1928년) 5월 당시 상해에 있어 중심 인물의 하나이던 여운형과 함께 활개 치면서 대만공산당 결당대회에 출석까지 하였었다는 것으로도 전표(全豹)를 짐작할 수 있는 여류 투사이다. 그는 경성 배화여고보 출신으로 대정 14년(1925년) 고려청년회에 가입하여 마산 야체이카에서 제일보를 밟은 제1차 조선공산당 사건의 관계자로 동년 8월에는 단연 고국을 떠나 19세의 처녀의 몸으로 모쓰코(모스코바)의 공산대학에 들어가서 사회과학과 전술을 배워가지고 소화 2년(1927년) 상해로 와서 중국공산당 한인지부에 가입하였었는데 중앙부의 지령을 받고 재만 조선인 공산당을 합류코자 만주에 와서 활약하던 중 마침 광주학생 사건의 자극으로 일본과 철저 항쟁하고자 아성현에서 재만한인반일제국주의자동맹을 결사하고 각지로 편답하다가 신변이 위험하자 다시 상해로 돌아왔었는데 이제는 만주사변에 느낀 바 있어 반제동맹이 결사되자 부인부장이 되어 활동하다가 이번 조선공산당 재건 때문에 또다시 그의 오빠와 함께 지난 3월 2일 중앙부의 밀사로 파견되어 안동현에 와서 연락지를 만들고 운동 자금과 지령을 품고서 압록강 철교를 건너 신의주부(新義州府) 내 미륵동(彌勒洞) 박은형 방에 잠복하였다가 일로 경성에 올라갔다는 것이라 한다.[19]

체포되기 전까지 김명시의 활동이 간략하게 기술되었다. 「예심결정서」를 근거로 김명시의 활동을 정리할 수 있다.

1927년부터 1931년까지 김명시는 '제국주의', 특히 '일본제국주의'에 반대하는 다양한 형태의 조직을 결성하고 활동했다. '동방피압박민족반제대동맹', '재만조선인반일본제국주의대동맹', '상해한인반제동맹' 등이 모두 김명시가 주도적으로 조직하고 활동한 대표적 단체였다.

김명시

1927년	6월	모스크바에서 상해로 이동
	8월	중국공산당 상해지부 가입, 조직부·선전부 책임자
	9월	상해한인청년동맹 결성, 부인부 책임자
1928년	5월	대만공산당 결당대회 여운형과 함께 참가
	6월 17일	대만인이 주최한 대만 혁명기념식 참가 동방피압박민족반제대동맹 결성하기 위해 동맹주비회 조직
1929년	12월 10일	홍남표와 상해를 떠나 북만주로 이동, 길림성에서 활동
1930년	1~2월	조선인 300명 규합 조선 학생운동을 원조, 재만조선인반일본 제국주의대동맹 조직, 집행위원이자 『반일전선』 담당
	5월 12일	중국공산당 아성현위원회 조직, 부인부 책임자
	6월 10일	조선중국북만청년단 아성현위원회 조직, 책임자
1931년	1~5월	몸이 아파 하얼빈 요양 뒤 활동하려 했으나 일제 탄압으로 피신해 상해로 이동
	11월	중국공산당 한인지부 소속 선전부 책임
	12월 3일	상해한인반제동맹 조직

1927년 모스크바에서 상해로 이동한 김명시는 홍남표의 보증으로 중국공산청년단 상해 조선인 지부에 가입했고 조직부 및 선전부 책임자를 맡았다. 그리고 중국공산당 상해지부에 들어가 갑조(甲組) 조장과 선전부 책임자로 활동한다. 1927년 9월 상해한인청년동맹을 결성하고 부인부 책임자가 되었다. 모스크바로 돌아온 지 2개월 만에 이 모든 일들을 해냈다. 그의 열정과 집중력이 새로운 활동을 하도록 이끌었던 듯하다.

김명시는 1928년 6월 17일 상해 프랑스인 거주 지역 침례교회당에서 열린 대만 혁명기념식에 참석했다. 대만, 베트남, 필리핀, 인도 등의 각 식민지 민족 및 중국인 등 약 300명이 모였다. 이 자리에서 조선인뿐만 아니라 동방의 피압박 민족이 해방을 목적으로 한 동방피압박민족반제대동맹을 결성하기로 의견을 맞추고 동맹주비회를 만들었다. 김명시는 위원으로 활동했다.[20]

동방피압박민족반제대동맹, 상해반제국주의동맹, 상해청년반제국주의동맹은 1929년 7월 14일 민중대회를 열었다. 이날 참가자는 1만여 명에 달했다. 각 단체 대표자들은 8월 1일에 총파업을 단행하고 시위운동을 하자고 제안했다. 이들 단체는 "집회·결사의 자유, 언론·출판의 자유, 제국주의 제2차 세계대전 반대, 제국주의 사주인 동철 회수에 반대" 등의 표어를 내걸고 가두시위를 하고 시내 각 곳에 선전문을 살포했다.[21]

상해한인여자구락부 제2차 대회에서도 반제동맹에 가맹하기로 결의했다. 이날 열린 제2회 대회의 현황을 살펴보자.

재(在) 상해 한인여자구락부 제2차 대회를 지난 7월 17일 오후 8시부터 당지(當地) 법계(法界, 프랑스 조계) 마랑로(馬浪路) 모소(某所)에서 김희원(金喜元) 양 사회하에 개최하고 대만청년단 외 몇 단체에서 온 축문을 낭독한 후 전 회록(前會錄)과 각부 사업을 보고한 후 강령, 규약을 개정하고 다음과 같은 중대 문제를 토의 결정한 후 집행위원을 개선하고 동 11시에 성황으로 무사 폐회하였다더라.

1. 동방피압박민족반제동맹에 관하여

2. 상해반제청년동맹에 관하여

3. 강연회 개최에 관하여

4. 재정에 관하여

5. 구락부 발전에 관하여

개선된 위원

위원장 선자황(鮮子璜), 서무부 김희원·조순애, 선전조직부 정옥실, 운동부 이해순·이운선, 음악부 김영애[22]

상해한인여자구락부 제2차 대회의 사회를 맡고 서무부에서 일했던 김희원이 바로 김명시이다. 김명시는 김희원 이외에 김휘성(金輝星), 김휘연(金輝然), 스베찌로 등의 이름을 사용했다. 즉 상해 한인 여성단체를 조직하고 긴밀한 활동을 했던 것이다.

상해에서 활동하던 김명시는 1929년 12월에 만주로 이동했다. 때마침 전라남도 광주에서 일어난 광주학생운동 사건이 북만주 지역까지 알려졌다. 이는 재만 조선인의 반일 감정을 높였다. 1930년 1월에 김명시, 홍남표, 김일파는 재만조선인반일본제국주의대동맹을 결성했다. 김명시는 집행위원으로 출판을 담당했다. 기관지『반일전선』제1호를 출판해 만주 각지의 조선인에게 보냈다. 이 동맹은 무장대 300명을 이끌고 하얼빈 주재 일본영사관을 습격했다.

일본총영사관을 습격한 것은 전부가 조선인으로 상해 방면의 반제국연맹과 연락 있음이 판명되었다. 목하 중국 측 경찰에 수감 중인 조선인 32명 중 14명은 간도 국자가(局子街) 중학생의 정복을 입고 기타는 중국복이며 조선인 여학생은 5명인데 조선××단 및 보안대라고 쓴 선전 삐라 다수를 압수하였다.[23]

일본영사관 유리창과 기구가 부서졌다. 그리고 용정촌 두도구, 이도구, 삼도구 등 북간도 각 주요 도시도 일제히 습격을 받았다.

김명시는 하얼빈 일본영사관 및 중국 경찰의 수사로 신변의 위협을 느꼈다. 그녀는 흑룡강을 넘어 치치하얼과 천진을 거쳐 5월 20일에 겨우 상해로 돌아갔다. 해방공간 인터뷰에서 그녀는 "그때의 고생은 생각하면 지긋지긋"할 정도로 힘겨운 여정이었다고 술회했다. 11월 중국공산당 한인지부에 소속해 선전부 책임자로 임명되었다. 만주사변이 일어나자 1931년 12월 3일 조봉암의 주창 아래 홍남표와 협의한 뒤 김명시는 상해 프랑스 조계에 있는 명단(鳴丹) 소학교에서 조선인 30여 명과 함께 상해한인반제동맹을 조직했다. 이 자리에서 "중국에 대한 세계 각국의 제국주의를 ○○하고 또한 조선을 일본의 ○○에서 ○○시킴을 목적으로 하는" 반제국주의 전선의 확대를 강화하는 선언을 발표했다.[24]

김명시는 반제운동, 즉 항일운동의 중심에 있었으며 그이가 조직한 반제국주의 단체는 민족, 종족, 인종을 벗어나 있었다. 그녀는

'트랜스내셔널(transnational) 운동가'였다. 김명시의 반제운동은 대만인, 베트남인, 필리핀인 누구라도 반제운동을 함께하는 사람이라면 만나서 이야기를 나누고 함께할 수 있는 모임을 꾀한 것이다. 그녀는 반제운동을 할 수 있는 공간이라면 기꺼이 참석하고 중심에서 활동했다. 그곳에서 하나의 목소리를 내면 족했다. 그녀의 반제운동은 언제나 '항일'을 향했다. 반제운동이 곧 독립운동과 연결되었다. 그 길이 조선의 독립을 앞당길 수 있는 길이라 믿었던 것이다.

7년간 감옥살이

1931년 하얼빈에서 상해로 돌아온 김명시는 상해에서 한인반제동맹을 조직했고 중국공산당 상해 한인 지부에서 활동했다. 이때 박헌영과 김단야는 상해에서 조선공산당 재건 운동을 했는데 그 출발이 『콤뮤니스트』 발간과 배포였다.

『콤뮤니스트』 창간호는 1931년 3월에, 『콤뮤니스트』 2·3호는 5월에, 『콤뮤니스트』 4호는 1932년 3월에 발간되었다. 「창간 선언」에서 이들 그룹은 "무산계급의 이익을 대표하며 또 그를 토대로 하지 않고는, 또 그들의 투쟁을 조직하고 지도하지 않고는 공산당이 있을 수 없으며 또 자계급(自階級)의 전위대인 정당—공산당을 가지지 않고는 무산계급이 그 역사적 임무를 다하지 못할 것이다."라며 조선공산당 재건을 목적으로 한다고 밝혔다. 즉 "이들은 『콤뮤니스트』 출판, 국내 배포망 형성, '독자반' 구성, '노동자 통신란' 등을 두어 현장과 정치 그리고 공장과 전국을 연결하여 당을 재건"하고자 했다.[25] 이 출판물을 통해 선전과 선동 그리고 조직 활동을 연결시키려 했던 것이다.

따라서 이들은 『콤뮤니스트』를 가지고 조선으로 들어가 인쇄하고 배포할 사람을 찾았는데 김명시와 오빠 김형선이 그 일을 하겠다고 나섰다. 1932년 3월 김명시는 김단야로부터 『콤뮤니스트』 창간호, 2·3호, 4호를 받아 신의주 국경을 넘었다. 그녀는 만주에서 조선으로 이사 오는 여자로 분장해 광주리에 간장병 등과 함께 이들 잡지를 넣어 이고 신의주 철교를 넘었다.

1933년 2월 25일자 〈매일신보〉에 따르면 "조선을 일본제국주의의 질곡으로부터 탈리시키는 동시에 공산주의 건설의 땅으로 만들겠다는 주요 목적으로써 조선 내와 만주에서 가진 수단과 온갖 기회를 이용하여왔을뿐더러 다시 원활한 수단으로 중국공산당과 제휴하여 중국을 혁명시키어 이에서 근기하여 조선의 이탈을 꾀하려고 우선 조선 내에 '조선공산당 재건'을 꾀하여왔었다. 그 일파로 상해본부의 밀령으로 작년 여름에 조선에 들어와서 활동하다가 체포"되었다.[26] 1933년 6월 「예심결정서」에 기재된 김명시의 치안유지법, 출판물 위반의 내용은 다음과 같다.

동년(1932년) 3월 3일 동지 김단야를 통하여 동(同) 본부로부터 조선 내에 들어가 용무를 다할 지(旨)의 지령을 받고 이것을 승낙하고 (…)

(가) 『콤뮤니스트』 제1호 (…) 제2·3호 (…) 제4호 일절을 조선 경성에 지참하여 (…) 교부한 것.

(라) (…) 동 7년(1932년) 4월 중순경 김형선과 (…) 원봉수와 같이 동 피고인(김명시)은 (…) 김명산 방에 부(赴)하여 (…) 비밀 인쇄 장소로 차수(借受)하고 김형선이 반포의 목적으로 당국의 허가 없음에 불구하고 『콤뮤니스트』의 인쇄방을 (…) 원봉수에게 담당케 한 후 (…) 『콤뮤니스트』제5호 및 「붉은 5·1절」이라고 제(題)한 불온 격문의 원고 각 1부를 수령하여 이를 휴대하고 김명선과 같이 동월 26일 다시 김명산 방에 부(赴)하여 (…) 반포의 목적으로 당국의 허가가 없음에도 불구하고 김형선 및 원봉수, 김명산과 같이 적색의 용지에 「붉은 5·1절」이라고 제한 원고에 기(基)하여 (…) 국헌을 문란시키는 불온 삐라 약 250매를 인쇄하고 다시 (…) "일본제국주의의 만주 ○○을 ○○하라"라고 제한 (…) 각 1매씩 약 135통의 봉통에 봉입하여 (…) 반포를 마치고 병(倂)하여 조선의 ○○ 및 조선의 사유재산제도를 ○○하고 공산주의 사회 실현의 목적 실행의 ○○함을 방조하고 나아가 중국공산당의 활동을 방조한 것이다.[27]

김명시와 김형선은 이들 문건을 부천에 있는 비밀 장소에서 인쇄했다. 그리고 그들은 『콤뮤니스트』 4호 50부, 격문 약 3000장을 만들어 『콤뮤니스트』 20부와 격문 500장을 평안남·북도 곳곳에 보냈다. 나머지는 〈동아일보〉에 실렸던 '수난(水難) 기부자' 명단에 따라 우송하거나 서울과 인천에 살포했다.[28] 김명시는 이 작업을 끝낸 뒤 상해로 돌아가던 중 안동현에서 일제 경찰에 체포되었다.

김명시는 『콤뮤니스트』 2·3호에 실린 「붉은 5·1절」과 4호에 실린 「일본의 만주 점령을 반대하라」는 글을 단독 인쇄해 삐라로 뿌렸다. 아래는 「일본의 만주 점령을 반대하라」라는 글의 일부이다.

일본제국주의는 그 야수적 무력으로써 만주를 점령하고 상해, 남경, 오송 (吳淞)을 포격하여 전 중국 대도시를 위협하고 있다. (…) 우리 조선은 지리상 및 역사적으로 일본의 만몽 침략의 전략상 교량으로 공헌되고 있다.

노동자·농민·학생 제군!

공장에서, 광산에서, 부두에서, 농장에서, 학교에서 군중적 집회·동맹파업·동맹휴학 및 시위운동 등을 조직하여 일본의 만주 점령을 반대하여 항쟁하라! 제국주의 강도군의 중국 신분할의 음모 및 제2의 제국주의 대전 준비를 반대하라! (…) 조선의 절대 독립─노동자·농민의 정부를 수립하라! 8시간 노동제 실시─임금 감하 반대! 실업 노동자들을 국고금으로 부조하라! 지주의 토지 몰수─농민에게 무상으로 분배하자! 언론·집회·출판·결사의 자유를 전취하자!

1932년 8월 18일 이래 조선공산당 재건 사건은 신의주지방법원 검사국에서 취조를 끝내고, 28일 예심법정에 회부되었다. 예심

회부자는 김명시, 김종렬, 김점권, 원봉수, 김기양, 이계상, 김명산 등이다. 그리고 1932년 9월에 조봉암이, 12월에 홍남표가 상해에서 체포되었다.

1933년 5월 31일 신의주지방법원 예심법정이 시작되면서 6월 1일 「예심결정서」를 피고들에게 보냈다. 예심 중 김승락은 33세를 일기로 옥중에서 사망했고, 심리조사만 약 8000쪽에 달했고, 예심이 종결하기까지 2개월 이상 걸릴 것으로 예상되었다.[29]

김명시의 기개, 재판정에서의 싸움

김명시는 취조 과정에서 받은 고문으로 얻은 병으로 오랫동안 몸이 아팠다. 1932년 12월 13일자 기사에서 "신의주지방법원 예심에 회부된 김명시는 송국 당시 유치장 생활에서 얻은 소화불량으로 많은 고생을 한다고 전하드니 근일은 그 병세가 더욱 심하고 게다가 불면증이 겸발하여 매우 위험한 상태에 있다."라고 전했는데[30] 1933년 2월에도 "거의 음식을 전폐하고 옥중에서 신음 중"이었다.[31] 그런데도 그녀가 법정에서 벌인 투쟁과 기개는 놀라웠다.

제1회 공판 – 현주소는 '신의주형무소'

평북 경찰부에 의해 검거된 김명시는 조사를 마치고 1932년 8월 27일에 예심법정에 회부되었다. 1933년 5월 31일 신의주지방법원에서 예심 종결을 받기 시작했다. 김명시가 재판장에 모습을 드러낸 때는 9월 25일이다. 1933년 9월 25일에 김명시, 조봉암, 홍남표 등 16명에 관한 치안유지법 위반 사건의 제1회 공판이 신의주지방법원 제1호 법정에서 오전 11시에 열렸다.

이른 아침부터 신의주 경찰서원과 헌병까지 출동해 법정 안밖의 경계가 자못 삼엄했다. 재판 광경을 보려고 들이닥친 방청객이 300여 명에 달했고 50여 명은 일일이 신체 수색을 받은 뒤 입장했다. 재판정에 들어선 16명은 원기는 왕성했으나 얼굴은 창백했다. 이들은 서로 목례를 교환했다. 드디어 김명시의 심리가 시작되었다.

재판장 : 본적은?

김명시 : 경남 마산.

재판장 : 주소는?

김명시 : 신의주형무소.

재판장 : 직업은?

김명시 : ××주의 운동이오.

재판장 : 범죄 사실은 예심결정서와 틀림없는가?

공판장 가는 길

공판장 광경

법정에 몰려든
방청객들

김명시 : 틀린 점이 있소.[32]

　김명시는 자신의 현주소는 신의주형무소이고, 사회주의 운동이 직업이라고 유창한 일본말로 대답했다. 이렇게 대답한 여성은 지금껏 없었던 듯하다. 김명시를 비롯한 피고들이 재판장에서 고분고분하지 않고 판사의 심문이 쉽지 않으리라는 예상은 일찍부터 제기되었다. 〈매일신보〉는 "동 공판은 양으로서는 놀랄 만한 수효가 못 되나 질에 있어 동 법원 개시 이래의 대사건일뿐더러 피고들이 상해, 만주, 모스크바와 경성 등지를 횡행하는 억센 사람들이라 파란곡절을 역연히 상상케" 된다고 보도했고, 재판부는 공개할 의향이 있지만 "피고들이 선전적 태도를 취하거나 거역 논쟁의 태도로 법정 내의 공기가 긴장 또는 창피하게 될 경우에는 공개를 금지하겠다."라고 밝혔다.[33]

　김명시의 문답이 끝난 뒤 모든 피고들이 예심결정서의 내용이 사실과 다르다고 진술했다. 조봉암은 일어나서 피고 회의를 한 뒤 답변 위원과 답변 자료 제공 위원을 선출하여 재판의 심리를 진행하자고 재판장에게 요구했다. 이어서 조봉암 등 일행은 '정확한 답변을 위해 먼저 압수당한 재료를 돌려줄 것, 공판은 공개할 것, 오사카에 압송된 강문석은 책임서기이니 신의주로 데리고 올 것' 등을 요구했다.[34]

　뒤를 이어 김명시와 홍남표는 '우리의 동무 김승락과 민봉근의 옥사에 대해 의심이 있다'고 질문하고 다시 김명시는 '고문 때문에 생긴 상처'라며 자기의 손가락을 내보이면서 그들의 죽음은 고문이라고 주장했다. 재판장은 김명시의 질문에는 대답하지 않고 11월 중 속개하겠다고 선언하고 폐정했다. 재판부가 예상했던 대로 트랜스내셔널 운동가들인 '억센 사람들'의 제1회 공판은 순조롭게 진행되지 않았다.

제2회 공판 – 심리 거부

제2회 공판은 1933년 11월 15일부터 3일간 열렸다. 제2회 공판은 제1회 공판에서 조봉암이 제기한 공판 공개, 자료 제공, 강문석과의 통일 심리 등 3가지 조건 요구와 김명시가 제기한 고문 의심 등으로 적지 않은 파란이 일 것으로 관측되었다.

공판은 오전 11시 20분부터 신의주지방법원 법정에서 개정되었다. 재판장은 피고인들을 불러 세운 뒤 1회 공판 때 피고인들이 요구한 조건에 대해 회답했다.

그 내용은 ① 피고인이나 법원의 편리에 의하여 이 사건을 분리 심리함, ② 피고 회의는 의미를 해득키 어려움으로 거절함, ③ 압수 증거품은 진행 중 언제든지 인용해주겠다, ④ 공판 공개는 치안 방해가 되지 않는 정도에서 공개할 터이다, ⑤ 공범 민봉근은 작년 5월에 입원하여 8월 31일

전쾌되어 죽지 않았다, ⑥ 형무소의 대우 문제는 법원의 권한이 아니라고 끝을 마치자 (…).[35]

조봉암은 이에 대해 다소 흥분한 어조로 "사건의 성질로 보아 병합 심리를 안 할 것을 병합 심리하므로 그 이유를 질문하였을 뿐이고, 분리 심리를 요구함은 아니"었다고 말했다. 또 두 번째 요구 조건인 피고 회의 개최에 대해서는 "조선공산주의 운동자는 왜 공산당을 조직하며, 공산당을 조직하여 무엇을 하고자 하는 것을 재판장에게 알도록 설명하고 (…) 피고 전체의 의견을 통일한 후 대표자로 하여금 종합적 답변을 하고자 하는 것인데 피고 회의 개최 요구를 거부하면 우리들도 답변을 거절하고 재판을 받지 않겠다."라고 선언했다. 그러자 재판장은 "피고들이 심리에 불응하더라도 재판소에서는 피고들이 공술한 경찰서 검사국 예심정의 조서에 기인하여 공판을 할 수 있을 뿐만 아니라, 심리에 불응하여 답변을 하지 않으면 결국 피고들에게 불리할 뿐"이라고 응답했다.

다시 조봉암은 '우리들의 공술을 듣지 않는 재판은 암흑 재판이고, 마음대로 10년 20년 중형에 처할 의도에서 나온 것'이라면서 '우리의 요구를 들어주지 않으면 절대로 심리를 받지 않겠다'고 말했다. 재판장은 이에 다른 피고들의 의견을 물었는데, 홍남표는 "조봉암의 말은, 즉 피고 전체의 의견이므로 다시 할 말이 없으나 경찰서에서 ××(고문)으로 된 조서를 기초로 우리의 공술을 불청하고 공

김
명
시

판하겠다는 것"이라며 문제를 제기했다. 이들은 요구 조건을 받아 주지 않으면 법정에서의 의무를 모두 거절하겠다고 주장했다.[36]

재판장의 공기가 험악하게 변하자 재판장은 김명시 등 7명만을 분리 심리하겠다며 조봉암, 홍남표 등을 퇴장시켰다. 이때 김명시는 재판장에게 '긴급'을 계속 외치면서 피고의 의견을 무시하고 재판을 감행하려는 재판장을 공격했다. 다른 피고도 여기에 동조하여 소란스럽게 하자 재판장은 10분 휴정을 선언했다. 1시에 김명시 등 7명에 대한 심리를 재개했고 재판장은 치안 방해의 우려가 있다는 이유로 방청을 금지하고 비공개로 심리가 진행되었다. 김명시 등 7명 중 6명은 심리를 거절했다. 김명시를 비롯한 6명은 합동 심리와 대표자 답변의 형식을 취하지 않는 한 일체 재판장의 물음에 응답하지 않았던 것이다. 결국 2시 반에 휴정했다.

연기되었던 공판은 17일 오전 11시 40분부터 다시 개정되어 조봉암, 홍남표, 염용섭, 서병송 등 네 피고가 출정했다. 조봉암은 '통일 답변'을 인정하지 않으면 심문을 거부한다고 밝혔다. 이에 재판장은 '그렇다면 다시 한번 피고들의 희망 조건을 공술해보라'고 말했다. 조봉암의 답변은 다음과 같았다. "공판 공개 금지는 원칙적으로 반대하는 바이지만 재판장이 직권으로 금지를 선언하면 할 수 없으려니와, 둘째로 분리 심리는 절대로 반대합니다. 그 이유로는 분산적으로 진술하면 우리로서는 충분한 공술을 할 수 없고 재판소에서도 심리 진행상에도 해가 되리라고 생각할 뿐 아니라 공산당원인 우리들은 동일한 이익을 위하여 ××하다가 동시에 법정에 서게 되었으니 동일한 취급을 받지 않으면 안 될 줄로 생각하며, 셋째 희망은 우리들의 동지로 오사카에서 분리 심리를 받고 있는 강문석을 출두시켜줄 것과, 넷째로는 통일 답변은 일본에서는 그 전례가 있다고 생각하는데 공산당의 주의와 강령을 적확히 답변코자 함이고, 끝으로 증거 서류를 우리에게 제공하여주기를 바란다."라며 1회 공판정에서와 같은 요구 조건을 공술했다.[37] 홍남표, 염용섭, 서병송도 모두 일어나 조봉암과 같은 의견를 제출했다. 공판이 더 이상 진행될 수 없는 관계로 오후 1시에 폐정되었다.

제3회 공판 – 검사의 구형량보다 많은 선고

제3회 공판은 12월 11일에 김찬 등 4명, 12월 13일에 김명시 등 7명, 12월 15일에 조봉암 등 5명 등이 분리 심리를 받게 되었다. 김명시 등 7명의 제3회 공판은 13일에 12시 30분부터 신의주지방법원 제1호 법정에서 개정되었다. 공개 금지이므로 신문에 보도할 수 없었다. 비공개 공판은 오후 1시에 폐정되었다. 제3회 공판 때도 김명시를 비롯한 피고들은 합병 심리, 공개 공판, 대표 선출 답변, 증거 반환 등의 조건을 제시하고 심리를 받지 않겠다고 주장했다. 재판장은 그대로 결심을 선고하고 30분 만에 폐정했다.

최종 공판이 12월 18일 오후 12시 반부터 신의주지방법원 제1

김
명
시

호 형사법정에서 공개되었다. 여전히 피고들이 심리를 거부하자 검사의 구형이 이어졌고, 판결 언도는 12월 27일로 정해졌다. 김명시 등 16명에 대한 판결 언도는 27일 오후 2시 20분에 진행되었다.

- 조봉암 7년 언도(7년 구형), 홍남표 6년 언도(5년 구형), 염용섭 5년 언도(2년 6개월 구형), 서병송 2년 언도(2년 구형) 이상 미결 통산 150일
- 김명시 6년 언도(5년 구형), 김종열 5년 언도(3년 구형), 김점권 5년 언도(3년 구형), 원봉수 1년 6개월 언도(1년 6개월 구형) 이상 미결 통산 200일
- 김찬 1년 6개월 언도(2년 구형), 박춘식 1년 언도(1년 구형) 이상 미결 통산 200일
- 안종각 8개월 언도(6개월 구형), 김양순 8개월 언도(6개월 구형) 이상 집행유예 3년
- 김기양 10개월 언도(7개월 구형) 집행유예 4년
- 김명산 6개월 언도(금고 6개월 구형), 이계상 6개월 언도(금고 6개월 구형) 이상 집행유예 3년[38]

위의 판결 언도는 '보기 드문 과중한 판결'이었다. 즉 검사의 구형보다 많은 형량이 나온 이들은 김명시를 비롯해 모두 7명이다. 김명시와 홍남표는 1년, 김종렬과 김점권은 구형보다 2년이나 많게 언도받았다. 이 판결 언도를 검사의 구형에 비교하면 중형자가 7명,

경형자 5명이다. 재판장은 중형을 한 이유에 대해 법정에서 피고들의 완강한 태도를 들어 설명한 후 개전의 희망이 없기 때문이라고 말했다.

1933년 5월 1일에 예심이 종결된 뒤 9월 25일, 11월 15일, 12월 13일과 18일에 개정된 공판에서 김명시를 비롯한 피고인들이 벌인 법정에서의 투쟁은 예상대로 신의주지방법원 판검사들을 곤혹스럽게 했다. 특히 김명시는 자신의 몸을 보이며 고문을 주장했고, 이에 재판장은 고문을 인정하면서 형무소 대우 문제는 법원의 권한이 아니라는 궁색한 변명을 했다.

만기 출옥 후, 조선의용군을 찾아가다

김명시는 1932년에 검거되어 1933년에 검사의 구형 5년보다 1년 많은 형량인 6년을 언도받았다. 그리고 1939년에 만기 출옥했다. 20대 중반에 들어가서 30대 초반에 신의주형무소를 나왔다. 7년 동안 신의주형무소에서 추위와 싸우면서 주방 노역을 했다. 김명시는 출옥 직후 일제의 감시망을 피해 중국으로 탈출하여 화북 지역 조선의용군 부대를 찾아갔다. 거기서 무정을 다시 만났다. 그이가 찾아간 독립동맹과 조선의용군은 어떤 조직인가. 그의 이야기를 들어보자.

무정 장군은 7·7북지사변(중일전쟁) 직후 반일 항전을 목표로 조선의용군 편성에 착수하여 연안에 군정대학을, 진동남·산동·익동 등지에 군정학교를 창설하고 일본 군대를 탈주하여 우리 의용군에 들어오기를 희망하는 조선학병·지원병·강제징병·군속 등을 적의 구역 또는 근거리에 있는 우리의 지부 지하 조직을 통하여 이 군정학교에 받아서 의식적으로 가르치며, 군사적으로 훈련하여 의용군에 편입하였는데, 이때 김원봉 씨 정예 부하 약 20명도 연안으로 들어와서 이 의용군에 가담하게 되었던 것이다. 또한 조선 여성운동의 선봉이 되었던 허정숙 동무도 연안 군정대학에서 교편을 잡고 있었다.[39]

화북에서 무정, 최창익, 김두봉 등은 항일민족통일전선 단체의 결성을 추진했다. 김원봉이 이끌었던 조선의용대 일부는 1941년 화북 지방으로 옮겨 왔다. 이들은 북상해 온 조선의용대원들과 함께 1941년 1월에 화북조선청년연합회를 결성했다. 화북조선청년연합회는 조선의용대를 흡수해 1942년 7월에 조선독립동맹으로 조직을 확대해 김두봉을 위원장으로 선출했다. 조선의용대는 조선독립동맹의 군사 조직인 조선의용군에 흡수되었다. 연안에 본부를 둔 조선의용군은 화북 각지에서 팔로군과 함께 항일전에 참여했다. 이때 조선의용군은 화북조선청년혁명학교 등을 세워 대원들을 교육했다.

일제 패망 당시 화북 여러 도시에 거주했던 조선인은 북경·천진

일대 10만 명, 석가장 3만 명, 신향 8000명, 태원 5000명, 청도 1만 명, 제남 1만 명, 당산 2000명 정도였다.[40] 독립동맹과 조선의용군은 일제의 강제징병제 실시로 조선 학생들의 반발이 컸던 까닭에 화북 지역 조선인들 가운데 학생층을 먼저 획득하려 했다.

독립동맹은 1944년 6월에 조선인 대학생 출신 일본군 4명이 탈출해 오자 태항산에서 '전(前) 일본군 조선인병사대회'를 개최했다. 무정의 보고에 따르면 이 대회 후 많은 학생들이 팔로군 근거지로와 조선의용군과 독립동맹에 가담했으며, 북경의 조선인 거류민들은 의연금을 모금하여 2만 원의 돈과 무기를 독립동맹이 운영하는 군정학교로 보냈다.[41] 그리고 1944년 6월 초 독립동맹은 아래와 같이 적 지구에 사람을 파견하여 조직을 만들고자 했다.

① 거점을 공고히 하고 발전시키는 외에 재화북 기타 도시에 근거지를 건립한다.
② 천진·북경 지구의 조선인 광부, 수리(水理) 노동자, 적인 농장의 농민을 힘써 쟁취한다.
③ 조선 국내의 혁명 조직의 발견과 그들과의 연계 건립에 노력한다.
④ 적구의 적이 만든 각종 학교의 조선인 학생을 조직 및 동원하고, 학생 대표회의를 열어, 일본 파시스트의 침략 전쟁을 반대하고 나아가 우리 동맹 의용군 및 팔로군의 영향을 확대한다.
⑤ 조선 국내에 사람을 파견하여 국내 인민을 조직하고 우리 동맹의 분

맹 조직을 건립한다.

⑥ 만주의 조선인 거주 지구에 분맹 조직을 건립하며 농민 가운데서 중점적으로 조직을 건립하고 발전시킨다.[42]

독립동맹은 적 점령지인 화북 도시 지구에서의 거점 건립 활동을 전개했다. 김명시는 독립동맹 북경분맹과 천진분맹의 책임자로 조선의용군 모병 활동과 선전을 책임졌다. 천진의 경우 1945년 1월에 독립동맹 천진분맹이 결성되었다. 김명시의 인터뷰에 따르면, 그이는 1945년 7월 10일 당시 독립동맹 천진분맹의 책임대표자였다. 천진에는 김명시 이외에도 안병진, 현파 등이 주요 간부로 활동했다.

위의 문건에 따르면 독립동맹은 조선에서 혁명 조직을 찾아내서 연계하고 조선 안에 분맹을 조직하는 방향을 설정했다. 1944년 12월경에 북경에서 독립동맹 조선의용군의 무정 연락원과 건국동맹의 북지(화북) 방면 연락 책임자인 이영선, 이상백이 여러 차례 만나 상호 연결을 약속했다.[43] 독립동맹은 여운형에게 국내 조직 지원을 요청했고, 여운형은 이를 수용했다. 그리고 1945년 8월 29일 연안에서 국치기념대회를 열기로 했고, 김명시는 여기에 참석하기 위해 천진에서 연안으로 이동했던 것이다.

어머니와 항일운동가 집안

김명시의 예심결정서 첫 단락에 김명시가 '트랜스내셔널 반제운동가'로 활동하게 된 계기가 나온다.

제1 피고인 김명시는 경남 마산공립보통학교 재학 당시부터 민족적 사상이 격렬한 실모(實母)의 감화를 받아 대정 8년(1919년) 3월 1일 조선 ○○만세 소요 사건이 전선적(全鮮的)으로 발(發)하자 이것을 문견(聞見)하고 크게 자극을 받아 감동을 느낄 뿐 아니라 실형(實兄) 김형선과 친교가 있어 종종 피고인 방에 내방하는 공산주의자 김단야, 신철, 신철수, 권오설 등으로부터 사상적 영향을 받고 또한 인가(隣家) 김명규로부터도 주의(主義)에 관한 지도를 받아 동(同) 주의 문헌을 탐독하고 대정 13년(1924년) 3월 동교(마산공립보통학교)를 졸업할 당시에는 벌써 동 주의에 공명하여 조선을 일본의 기반(羈絆)으로부터 이탈시켜 그 독립을 교망하였다.[44]

김명시의 항일운동은 어린 시절부터 남달랐다는 이야기다. 이는 순전히 김명시의 어머니 때문이다. 예심결정서에 따르면 김명시의 어머니는 민족 사상이 '격렬'했다. 이런 어머니의 생각이 자식들에게 영향을 미쳤다. 김명시의 어머니는 일찍 남편과 사별하고 생선 행상을 하며 자식들을 키웠다.[45] 먹고사는 일이 녹록하지 않았는데도 그녀는 아이들 교육을 게을리 하지 않았다. 그녀의 자녀들은 적어도 보통학교, 즉 초등교육은 받았다. 김명시의 어머니는 만세운동에 적극 참여했고, 그때 일본 경찰에 끌려가 받은 고문 휴우증으로 평생 고생했다고 한다. 1919년 3·1운동 때 열두 살이었던 김명시는 시위를 목격하고 따라다녔을 것이다. 어린 김명시가 3·1운동에 큰 자극을 받았고 그때부터 달라졌다고 예심결정서는 지적하고 있다.

마산의 만세시위는 3월 21일 장날에 일어났다. 장날인 3월 21일 오후 3시 장꾼이 가장 많이 모여드는 시간에 주도 인물들은 태극기를 흔들며 '독립 만세'를 크게 외쳤다. 이에 3000여 명의 군중이 호응하며 만세시위를 했다. 남녀 학생들이 주도가 된 제1차 마산 만세시위에 이어 3월 26일 장날에는 다시 시민들의 만세시위가 전개되었다. 3월 31일 오후 4시 역시 구마산에서 약 2500명의 군중이 2시간에 걸쳐 만세시위를 했다. 마산공립보통학교 학생들은 4월 22일부터 24일까지 3일 동안 교내에서 만세운동을 했다. 학교장이 이들을 막았으나 학생들이 듣지 않아 4월 24일 이후에 학교는 휴업에 들어갔다.[46] 김명시는 여러 번 어머니와 오빠가 만세시위 하는 것을 보았고 경험했던 터라 아마도 여기에 적극 가담했으리라.

3·1운동 뒤 오빠 김형선을 비롯해 집에 놀러온 오빠의 친구들에게도 김명시는 영향을 받았다. 『한국사회주의운동 인명사전』에 소개된 김형선의 이력과 활동은 이러하다.

김명시의 오빠 김형선(왼쪽)과 동생 김형윤(오른쪽)

　김형선은 1917년 마산공립보통학교를 졸업하고 마산공립간이 농업학교에 입학했으나 학자금 부족으로 퇴학을 당했다. 상점원, 부두 노동자 생활을 하다가 마산 창고회사 사무원으로 일했으며, 1924년 8월 마산공산당 결성에 참여했다. 1925년 7월 조선공산당에 입당하고 마산 야체이카, 고려공산청년회에 입회하여 마산 제1 야체이카에 배속되었다. 9월 마산노농동우회 교무부 책임자가 되었고, 12월 제1차 조공검거사건에 연루되어 한때 마산경찰서에 검속되었다. 1926년 봄 〈조선일보〉 마산지국을 경영했다. 마산기자단 집행위원, 마산노동연맹 발기준비위원, 경남기자동맹 서무부 책임자였고, 8월에 제2차 조공검거사건에 연루되어 중국 상해를 거쳐 광둥으로 망명했다. 1927년 1월 중산대학에 입학했다. 1929년 6월 재중국본부한인청년동맹에 가입하여, 10월 유호 한국독립운동자동맹 결성에 참여하고 총무부장이 되었다. 1931년 2월 조공재건운동을 위해 입국했다. 1932년 4월 반일 격문을 인쇄하여 배포했다. 1933년 7월 영등포에서 일본 경찰에 체포되어 1934년 12월 치안유지법 및 출판법 위반으로 징역 8년을 선고받았다. 1945년 8월 해방과 함께 출옥했다.[47]

동생 김형윤도 비슷하다. 김형윤은 1926년 마산 노동야학에서 모인 30여 명과 함께 마산 씩씩수양소년단을 창립했다. 1928년 마산소년동맹 창립 및 집행위원, 1929년 경남청년연맹 소년부 부원으로 활동했다. 1931년 8월 경남 창원군 내서면 산호야학교에서 적색교원회 결성에 참여했다. 1932년 5월 일본 경찰에 검거되어 8월에 징역 2년 6개월을 선고받았다. 1934년 진해, 부산 일대에서 적색노동조합운동에 참여했다. 1936년 9월 김태영이 주도한 조선공산당재건 경남준비그룹 관계자로 검거되었으나 무혐의로 석방되었다.[48]

어머니의 영향을 받은 자녀들이 모두 항일운동에 뛰어들었음을 알 수 있다. 이들의 활동은 오랫동안 알려져 있지 않았지만 한 시민단체의 노력으로 조금씩 밝혀지기 시작했다. 열린사회희망연대가 2019년부터 김명시에 대한 독립유공자 포상 신청을 시작했다. 그 노력의 결과 2022년에 '국민훈장 애국장'이 추서되었다. 그리고 창원시는 2020년 마산합포구 오동동 문화광장 어린 시절 집에서 그가 다닌 성호초등학교(옛 마산공립보통학교)로 향하는 골목에 '김명시 장군의 학교길'을 개장했다.

김명시

1907	· 경남 마산 출생
1924	· 마산공립보통학교 졸업, 서울 배화고등여학교 입학하였으나 중퇴
1925	· 7월 고려공산청년회 가입, 마산 제1야체이카에 배속 · 10월 고려공청 모스크바 동방노력자공산대학 유학생으로 선발 · 12월 동방노력자공산대학 예비과 입학
1927	· 모스크바 동방노력자공산대학 중퇴 · 8월 상해 중국공산주의청년단에 가입 상해한인지부 조직부 및 선전부 책임자, 중국공산당 한인지부 갑조 조장 · 9월 상해한인청년동맹 부인부 책임자
1928	· 5월 상해에서 대만공산당 결성 지원 · 6월 동방피압박민족반제대동맹(주비회) 위원
1929	· 10월 북만주 길림성으로 이동
1930	· 1월 재만조선인반일본제국주의동맹 결성에 참가, 기관지 『반일전선』 담당자 · 5월 중국공산당 아성현위원회 건립 참가 부인부 책임자
1931	· 11월 중국공산당 상해한인지부 선전부 책임자 · 12월 상해한인반제동맹 결성에 참여
1932	· 3월 『콤뮤니스트』 배포를 위해 귀국 · 4월 김형선과 함께 경인 지역에서 『콤뮤니스트』, 『태평양노조』 인쇄 배포 · 5월 일본 경찰의 수배를 피해 만주로 도피 중 신의주에서 체포
1933	· 12월 신의주지방법원에서 징역 6년을 선고
1939 ~ 1945	· 만기 출옥, 탈출 · 화북조선독립동맹 천진지부 책임자, 조선의용군 총사령관 직속부대 장군
1945	· 12월 조선부녀총동맹 중앙집행위원, 선전부 위원
1946	· 2월 민주주의민족전선 결성에 참가 중앙위원 선출 · 4월 민전 서울지부 의장단으로 선출 · 12월 남조선민주여성동맹 선전부장

1947	· 남조선민주여성동맹 중앙상임위원, 테러 사건 조사단 참가
1948	· 3·1운동 제29주년 기념대회 준비위원
1949	· 육군 방첩대에 체포

김명시

◇

3

조원숙

새 세대는 새 사람들의 것이오

趙元淑, 1906~?

가장 통쾌했던 일
─교군 타고 도망 올 때

조원숙은 1906년 강원도 양양에서 태어났다. 열네 살까지 이곳에
서 자랐다. 그이에게 고향은 교통이 불편할 뿐만 아니라 "구식 가정
으로 행세하든 가정인 까닭에 남자의 유학도 잘 허락지 않"았던 곳
이었다. 열다섯 살에 그녀는 양양에서 서울로 올라왔다. 가족들과
함께 이주한 것이 아니다. 서울로 올라오게 된 까닭은 이렇다.

나는 시대 풍속에 딸려 그리하였든지 무슨 까닭으로 그리하였든지 서울
로 유학하고 싶은 생각이 몸 불타오르듯 하여 자나 깨나 주소(畫宵) 밤낮
으로 공부 갈 생각뿐이었습니다. 그리하여 어떤 때에는 며칠씩 밥도 잘
아니 먹고 심지어 병까지 난 일이 있었습니다. 그러다가 열다섯 살 되던

해 5월 14일날 밤이었습니다. 나는 아주 죽기까지 결심하고 도망가는 과부 모양으로 봇짐을 싸가지고 부모도 친척도 동리 사람들도 다 모르는 중에 교군(轎軍) 하나를 잡아타고 표연히 집을 떠나서 양양과 강릉, 양 군의 접경지 되는 지경리까지를 와서 교군에 내리니 (…).[1]

어린 나이에 조원숙은 공부하고 싶어 부모 몰래 혼자서 집을 나섰다. 새벽에 혼자서 서울로 향하는 길이 두려웠을 텐데 그녀는 이 일이 가장 통쾌했다고 말한다. "그때는 마침 춥지도 덥지도 않는 첫 여름의 보름밤이었으므로 중천의 둥근 달은 초롱같이 밝고 만산의 무르녹아가는 새 녹음은 그림의 족자와 같은데 나의 시원하고 상쾌한 마음이야 어찌 다 말씀할 수 있었겠습니까. 마치 옥중에 있던 죄수가 옥문을 나오고 통속에 있던 새가 공중으로 날아가는 것 같았습니다."

조원숙의 선택은 당시 꽤나 유명했다. 『삼천리』에는 "명문의 따님으로 규방 깊이 묻혀 있던 처녀시대에 부형들이 강제로 결혼을 정하여 놓은 곳을 화촉전례(花燭典禮)의 바로 전날 야반에 시집가기 싫다고 아무도 몰래 가마 타고 서울로 도주하여 온 통쾌한 여성"이라고 소개되었다.[2] 그녀의 용기와 대담한 행위는 서울에서도 그대로 발현되었다.

조선여자교육협회 순회연극무용단

1921년 5월, 서울에 올라와 곧장 학교에 들어가진 않았다. 그녀의 소식이 세상에 알려진 때는 1923년이다. 조선여자교육협회 안에 있는 근화학원 300명의 학생들은 근화학우회를 조직했다. 근화학우회 임원 명단이 신문에 소개되었는데 여기에 조원숙의 이름이 있다. 조원숙은 서기이자 재정부를 맡았다.[3]

조선여자교육협회는 차미리사가 조직한 조선여자교육회가 1922년 학회 설립 허가를 받고 이름을 바꾼 것이다. 차미리사는 초등교육을 받지 못한 미혼 또는 기혼 여성에게 교육 기회와 여성 교육을 확대해야 한다는 생각에 조선여자교육회를 조직했다. 조선여자교육회는 전국순회강연단을 만들어 1921년 6월부터 10월까지 4개월간에 걸쳐 13개 도의 73곳을 돌아다녔고, 그 결과 1921년 10월에 근화학원이 설립되었다.

조원숙이 여자 고등보통학교를 들어가지 않고 근화학원에 들어간 것은 아마도 보통학교를 졸업하지 못했기 때문이리라. 여자 고등보통학교의 입학 조건은 보통학교 졸업이었다. 자신을 '19세의 여자'라며 경성 내에서 보통부터 중등 정도까지 속성으로 배울 수 있는 학교를 소개해달라는 문의에 〈동아일보〉는 "조선여자교육협회에서 경영하는 근화학원에서 초등, 중등의 교육을 합니다."라고 답했듯이,[4] 조선여자교육협회의 근화학원은 조원숙과 같은 처지의 여성들에게 교육의 기회를 제공했다.

조원숙은 낯선 서울에서 근화학우회 임원으로 열정적이고 활발하게 활동했다. 근화학우회는 1923년 9월 21~22일 저녁 8시에 장곡천정(지금의 소공동) 경성공회당에서 '연극과 음악대회'를 열었는데 윤백남의 〈새로운 길〉이 상연되었다.[5] 근화학우회의 연극과 음악대회는 본정경찰서의 금지로 연기되었지만 성공리에 마쳤다. 연극은 10월 15~16일 중앙청년회관에서 또다시 상연되었다.

공회당 2층의 넓은 회장이 오히려 좁을 만치 되었는데 총 입장인 수가 천여 명에 달하였으며 정각이 되어 여자교육협회장 김미리사(차미리사) 여사의 간단한 개회사가 있은 후 연극과 음악이 열리었는데 천진난만한 여학생들의 독창이며 합창과 무도의 연극은 보는 사람으로 하여금 그 기능의 교묘한 것을 놀라지 아니치 못하게 하였고 특히 희곡 〈새로운 길〉이라는 연극 중에 나타난 노(老) 변호사 부자의 사실은 현대에 뒤떨어진 생각을 가지고 있던 자로 하여금 앞길을 개척하여 신진에 나가지 아니하면 아니될 듯한 사상을 분기케 하였으며 (…).[6]

이날 근화학우회가 올린 연극은 윤백남의 〈새로운 길〉과 〈국경〉이었다.[7] 〈새로운 길〉과 〈국경〉은 신파적 연극과 달리 '대화' 형식으로 구성된 근대적 희곡이다. 〈국경〉은 삼일은행 지배인인 안일세와 부인 영자 사이의 부부 싸움과 화해를 다룬 희극으로, 허영과 사치

연극무용단의 단원들 모습

를 일삼는 여성에 대해 비판적인 차미리사의 여성관을 담고 있다고
평가된다.[8]

　근화학우회의 연극과 음악회는 대성공을 거두었다. 이 성공을
계기로 근화학우회는 전국 투어를 기획했다. 근화학우회는 연극무
용단을 조직해 11월 20일에 청주로 향했다. 연극무용단의 순회 공
연의 목적은 당연하게도 근화학원의 회관과 교사를 건축하기 위한
기금의 마련이었다. 연극무용단은 차미리사를 중심으로 윤근, 조원
숙, 김복진, 한애란, 김효신, 김태원, 이운순, 나정옥, 이리다 등이었
다.[9] 조원숙은 근화학우회 임원으로 유일하게 연극무용단의 단원이
었다. 그이의 노래 실력은 "'슬슬 동풍에 궂은비 오고 시화연풍에 임

섞여 노잔다'라는 조원숙 씨의 강원도 긴 난봉가(難捧歌)는 그의 장구 소리와 함께 과히 어색지는 않다."는 평을 받았다.[10]

연극무용단은 청주를 시작으로 괴산, 공주, 강경, 군산, 이리, 전 주, 정읍, 광주, 담양, 송정리, 영광, 나주, 목포, 대구, 영일, 경주, 울 산, 마산, 진주, 김해, 부산을 거쳐 12월 24일과 25일에 영동을 끝으 로 순회 일정을 마쳤다. 이리, 송정리, 나주, 목포 대신에 충주, 순천, 하동, 사천으로 순회 지역이 일부 변경되었다. 연극무용단은 40여 일 동안 23곳을 돌아다녔으며 12월 26일에 경성역에 도착했다. 연 극무용단은 모든 지역에서 열렬한 환영을 받았으며 그 성과도 놀라 웠다. 연극무용단의 성과가 신문에 연일 소개되었는데 하동에서의 성과는 이랬다.

경남 하동에 도착하여 동일 오후 7시에 하동공립보통학교에서 연극 무 도회를 개(開)하였는데 당지 청년회장 이전형 씨의 후원 하에 연극단장 김미리사(차미리사) 여사의 의미 심원하고 철저한 개회사가 끝나자 순서 를 나정옥, 조원숙, 한애란, 김복진, 김태원, 김효신, 이운순, 이리다 양은 독창, 합창, 노서아(러시아) 무도, 파란(폴란드) 무도, 노어(러시아어) 창가, 망향가와 기타 희극을 계속 진행하여 일반 관중자에게 다대한 흥감을 여 (興)하여 만장의 갈채성은 산악이 진동하고 관람자는 연극이 마치도록 물 밀듯 연속부절(連續不絶)하여 극장이 입추의 여지가 없고 일대 성황을 성 한 후 폐회하였는데 (…).[11]

여하튼 조원숙은 1923년 근화학우회 임원이며 연극무용단 단원으로서 학업과 함께 바쁜 일상을 보냈다. 그런데 조원숙은 근화학원을 마치지 못하고 1925년에 퇴학당한다. 그 이유는 동맹휴학을 주도했다고도 하고, 사회주의단체에 가입해서 퇴학 처분을 당했다고도 한다.[12]

'현모양처주의' 배격
—단발하기

세상에 알려진 인물평에 따르면 "엇구수하게 잘생겼거니와 마음성도 무던하고 일에 또한 성의 있는 사람"이었다.[13] 조원숙은 1923년 근화학우회의 조직과 전국을 순회한 연극무용단의 경험으로 경성을 비롯한 각 지역의 청년들을 만났다. 공간 마련과 행사 진행은 지역 청년단체가 맡았다. 부산에 가면 부산청년회가, 경주에 가면 경주청년회가 이들을 맞이했다. 전국 도처에 청년회가 조직되었는데 1922년에는 전국의 청년회 수가 2000개가 넘었다.[14] 이와 함께 '여자청년회'가 전국에 조직되기 시작했다.

조원숙은 청년회 조직과 활동으로 향했다. 언론 보도에 따르면 조원숙이 근화학원에서 퇴학당한 까닭이 사회주의단체 가입이라고 한다. 어떤 단체일까.

1925년 9월 20일, 경성여자청년동맹(여청동맹)의 정기총회가 열렸다. 이 자리에서 '청년여자운동, 여학생운동, 교양, 종교, 현모양처' 등의 논제가 토론되었다. 그리고 집행위원으로 정봉(정달악), 김조이, 허정숙, 김수월, 조원숙, 심은숙, 김영희 등이 뽑혔다. 근화학우회 이후 집행위원으로 이름이 알려진 곳이 여청동맹이다.

여청동맹은 "사회주의적의 색채가 농후한 여자 청년단체로서 다른 일반 여자 청년단체와는 그 성질을 달리하여 계급의식을 갖고 그에 의하여 참된 여자의 해방을 획득하고자 하며 경제적으로의 독립이란 것도 현금(現今)의 자본주의사회에서는 도저히 실현의 가능성이 없다며 계급적으로 투쟁을 급선의 목표로" 했다. 여청동맹은 1925년 1월 21일 창립되었는데 발기인으로는 허정숙, 김조이, 주세죽, 정봉 등이었고 1926년에 회원은 90여 명이었다. 여청동맹의 강령은 "청년 여자의 대중적 교양과 조직적 훈련을 기함, 청년 여자의 단결의 힘과 호상부조(互相扶助)의 조직으로서 여성의 해방을 기하며 당면의 이익을 위하여 분투함"이었다. 그리고 "일반 청년 여성에게 해방적 의식을 각성케 할 교양 기관 설치, 출판·강연·강습·연구회 등을 수시 개최, 기타 필요 사업"으로 강령을 실천하고자 했다.[15]

1925년 홍수로 수재가 발생했을 때는 모든 회원이 구제 활동을 했고, 매주 연구반을 운영했으며, 오늘날 3월 8일 세계여성의 날인 '국제부인데이'에는 성대한 기념식을 거행했다. 창립 1주년 기념식이 1926년 1월 21일 견지동 시천교당에서 열렸는데 조원숙은 과거

1년 동안의 역사를 격렬한 어조로 말했다. 기념식장에는 여청동맹의 성격을 짐작하게 하는 '교양과 훈련으로 가두에' '여성운동은 여성의 손으로'라는 표어를 붙였다.

여청동맹에는 유독 단발한 여성이 많았다. 1925년 3월에 허정숙, 주세죽, 김조이가, 이어서 11월 7일에 심은숙, 조원숙, 김영희가 단발했다. 그들이 단발한 까닭은 재래의 도덕 인습에 반대하고, 특히 '현모양처주의'에 반대하는 목소리를 밖으로 표출하기 위함이었다. 여청동맹은 당대 가장 급진적인 페미니스트 단체였다. 단발한 허정숙, 심은숙, 조원숙은 '삼숙'으로 알려져 근우회에서도 함께 활동했다.

중앙여자청년동맹, 여성운동자의 단결

여청동맹이 창립되기 전, 1924년 5월에 조선여성동우회(여성동우회)가 창립되었다. 여성동우회는 여성 사상운동 단체의 출발점이었고, 모든 분파가 합동해서 만들었다. 여성동우회는 운동 방식과 실천에 따라 각기 여자청년회와 여청동맹으로 분리되었다. 따라서 여자청년회든 여청동맹이든 관계없이 여성운동가들은 여성동우회 소속이었다.

조원숙은 여성동우회 제2차 정기총회에서 집행위원으로 뽑혔다. 여성동우회 제2회 정기총회는 1926년 3월 3일에 수표정 조선 교육협회 안에서 열렸다. 이날 '여자사상운동' '노동 부인' '여자청 년운동' '농촌 부인' '직업 부인' '가정 부인' '여학생운동' '형평운동' '무산 여성 교육' '공창 여성 문제' '여성운동 통일' '전조선여성운동 자대회 개최' '지방 순회 강연' '부인 주간' '노동 부인 위안 음악회' 등의 안건이 토의되었다.[16] 노동·농촌 부인 문제나 무산 여성 교육, 여성운동 통일, 전조선여성운동자대회 개최 등의 주제는 전국 단위 의 단체에서 처음으로 논의된 것이었다. 여성동우회는 그만큼 폭넓 게 여성 문제를 다루었다.

1926년에 정종명은 여성동우회 지방 순회 강연의 강사로 활동 했는데 조원숙도 정종명과 함께 지방 순회를 다녔다. 황해도 재령 강연회에서는 이런 일도 있었다. 오후 7시 30분부터 청중이 모여들 었다. 김도신이 바이올린 독주를 마치자 이도별은 '우리의 할 일은 무엇인가'라는 주제로 강연했고 이어 단발한 조원숙이 연단에 올라 섰다. 조원숙은 '여자 해방의 근본적 의의'라는 제목으로 강연하기 시작했다. "우리 조선 사회에서는 여필종부란 문구로서 여자의 압 박이 심하였으니 위선(爲先) '강한 자와 약한 자의 차별 철폐'가 급선 무"라는 말을 할 즈음 경찰들은 '주의! 주의!' 하는 소리를 내며 경 고했다. 청중이 박수를 보내며 조원숙의 발언을 지지하자 조원숙은 다시 강한 어조로 사회의 현상과 여성운동의 필요성을 말하고 연단 에서 내려왔다. 다음으로 정종명이 단상에 올랐다. 정종명의 강연

도중에도 경찰의 주의가 이어졌고, 강연을 중지시킴과 동시에 모두 해산명령을 내렸다. 결국 강연을 더 이상 이어가지 못하고 경성으로 돌아왔다.[17]

1926년 11월 4일 여성동우회, 여청동맹, 여자청년회는 합동총회를 가졌다. 이 자리에서 전 조선 여성운동자의 통일을 도모하는 것이 먼저 필요하다며 합동하기로 결의했다. 합동총회 준비위원은 여성동우회의 이현경, 황신덕, 강정희와 여청동맹의 조원숙, 심은숙, 김성은 그리고 여자청년회의 박원희, 김수준, 신기숙이 선출되었다.

여자청년회와 여청동맹은 중앙여자청년동맹으로 합동했고, 12월 5일에 합동총회를 열었다. 처음에는 경운동 천도교백년기념관이 개최 장소였으나 경찰의 금지로 낙원동 여성동우회회관으로 옮겨 열리게 되었다. 총회는 임시의장 박원희의 사회로 진행되었고, 오후 4시에 중앙여자청년동맹 만세 삼창을 부르고 파고다 공원에서 기념사진을 찍는 것으로 마무리했다. 이날 결의한 안건은 아래와 같다.

1. 남성단체가 통일되기까지는 부나 도 연맹에 가맹치 말고 직접 총동맹에 가맹하되 이제로부터 3개월을 기한으로 한양청년연맹과 경기도청년연맹(경성청년연맹)의 합동을 적극적으로 촉진시키기로 하고 촉진위원 5인을 선거함

1. 동인의 교양을 위하여 시급히 연구반 및 도서관을 실시하되 교양부에

조원숙

서 솔선할 일

1. 명년 1월 중순에 전조선여성단체연
   합대강연회를 주최할 일

1. 본 동맹의 조직적 사업으로 명년 4월
   신학기를 기하여 무산아동학원을
   설립하되 집행위원 11인을 선정해
   일임하기로 함 (…)[18]

이날 선출된 11명의 집행위원
에는 조원숙도 포함되었다. 그리
고 조원숙은 한양청년연맹과 경성청년연맹의 합동 촉진위원으로
도 뽑혔다.

1927년 4월 16일에 중앙여자청년동맹은 제1회 정기총회를 열
었다. 조원숙은 신입 집행위원으로 다시 선출되었다. 이날 사회는
임시의장으로 뽑힌 조원숙이 맡았다. 그리고 교양 사업, 지방 순회,
회보 발행, 연합 문제, 재경여성단체연합간친회(在京女性團體聯合懇親
會)와 춘기 원유회 개최 등을 토의했고, 기타 사항으로 청소년 남녀
의 인신매매 금지, 만18세 이하의 소년 남녀의 결혼 폐지, 무산 아동
의 수업료 폐지, 청소년 남녀 직공의 8시 이상의 노동 야업 폐지, 무
산 아동 및 산모의 무료 요양소 설립 등을 결의했다.

제1회 집행위원회에서 조원숙은 상무위원이자 서무부 부원으

중앙여자청년동맹 회원들 모습

로 선출되었다. 7월 하순에 하기 강좌 개최를 결의했는데 연사는 조
원숙과 심은숙으로 정했다.

한양청년연맹과 국제청년기념일

조원숙은 여성 청년단체에만 관여했던 것은 아니다. 그녀는 한양청
년연맹과 강원청년연맹 등의 단체에서 임원을 맡았고 국제청년기
념일이나 지방열(地方熱)을 고취시키는 단체를 제재하는 '지방열박
멸대회(地方熱撲滅大會)' 등의 전국 행사를 조직했다.

한양청년연맹은 1925년 8월 4일에 창립되었다. 한양청년연맹에 가맹한 청년단체는 21개로 주요한 사업은 교양 사업이었다. 자본주의 경제의 모순, 유물사관을 매주 1회 학습했으며, 조선의 경제 사정을 알기 위해 통계 조사를 실시했다. 연맹은 집행위원 15명, 검사위원 3명을 두었는데 조원숙은 검사위원으로 관여했다.

1926년 4월 25일 한양청년연맹 제2차 정기대회 때 조원숙은 집행위원으로 선출되었다. 그런데 1926년 4월부터 집회 금지를 당해 이듬해 4월에서야 금지가 풀렸다. 1927년 4월 27일 한양청년연맹은 제2회 집행위원회에서 '청년운동 방침에 대한 대회 제안 작성' 안건을 결정했다. 이는 "금후(今後) 조선 사회운동이 조합 형태에서 정치적으로 방향 전환하는 시기임으로 금춘(今春) 정기대회에 청년운동도 여기 적응할 비약적 진전을 시킬 제안을 하기로 하고" 제안 작성 위원을 선정했다.[19] 조원숙은 박한경 등과 함께 제안 작성 위원으로 참가했다. 그리고 1926년 정기대회에서 결정된 사회단체중 앙협의회 참가를 위한 대의원 선출에 조원숙도 포함되었다.

청년운동의 방향은 1926년 6·10만세운동을 겪으면서 전환되었다. 6·10만세운동 과정에서 확인된 민족통일전선의 가능성 등으로 청년운동의 중심 역할을 하던 서울 지역 주요 청년단체들은 계급 위주에서 벗어나 민족적 의식을 토대로 한 강령을 채택하도록 조선청년총동맹에 요구했다.[20] 한양청년연맹도 무산 청년의 교양에 힘쓰는 동시에 전 민족을 포용하는 새로운 방침의 수립, 즉 민족운동과 제휴하는 방침을 세웠다. 서울 지역의 20개 청년단체는 12월

19일에 '경성부근(京城附近)청년단체연합간친회'를 열고 종교 청년단체를 민족주의 청년단체로 인정했으며, 이들을 망라하여 총 기관을 설치하자는 의견 일치를 보았다.[21]

1년 동안 집회 금지를 당한 신흥청년동맹도 1927년 2월 26일에 집행위원회를 열고 새롭게 집행위원을 선출했다. 조원숙은 검사위원으로 선출되었다. 신흥청년동맹은 1927년 5월 15일에 전 보성고등보통학교에서 제5회 정기총회를 열었다. '미래는 청년의 것이다!' '조선 청년 대중아 단결하자!' '전 민족 정치의식의 각성에로!'라는 표어를 내걸었다. 조몽열의 사회로 개최되었고, 전형위원으로 조원숙을 비롯한 5인이 선출되어 집행위원과 검사위원을 선거했다. 정치, 경제, 교육, 소년운동에 관한 문제를 토의하고자 했으나 경찰의 금지로 진행되지 못했다. 사회문제로 토의된 안건은 '봉건적 허례 등의 타파, 여성·백정·노예·청년회에 대한 차별 관념 철거, 인신매매 금지 공·사창 폐지(3항 삭제)' 등이었다.

조원숙은 5월 정기대회에서는 신흥청년동맹 신임 집행위원으로 선출되지 않았다. 대신 1927년 8월 29일 국제청년기념일 준비위원, 9월 20일 지방열박멸대회 준비위원, 강원청년연맹 등으로 활동을 이어갔다. 1927년 9월 첫 일요일에 열리는 국제청년기념일이 다가오자 각 청년단체들은 바쁘게 움직였다. 한양청년연맹과 경성청년연합회에서는 "기념 리플렛 발행, 표어 작성 발표, 강연(야간), 원유회(주간)" 등을 결의했고, 준비위원을 선출했다.[22] 조원숙은 준비위원으로 활동했다.

지방열박멸대회 준비위원회는 9월 20일 조선교육협회 사무실에서 제2회 준비위원회를 개최하고 5명을 추가 선출했다. 조원숙은 신임 상무위원으로 들어갔으며 재정부를 담당했다. 이밖에도 신간회 경성지회 간사(1927년), 김사국추도준비위원회 경리부(1927년), 고 박원희동지 각사회단체연합장의위원회 재무부(1928년), 고박길양동지 사회단체연합장의회 준비위원(1928년) 등 여러 곳에서 활동했다.

1927년 조원숙은 9월 29일부터 31일까지 3일 동안 열린 '강원 청년연맹 혁신대회'에 참가했다. 무장 경찰이 성을 쌓을 정도로 긴장된 분위기가 연출됐지만 방청인과 강원도 청년단체 회원의 열기는 이를 압도했다. 강원청년연맹 혁신대회는 "강원도에서의 획기적 대회합"으로 "강릉에서는 유사 이래 처음 있는 회합으로 지방 인사들은 금번에 있어 회합으로 인하여만은 느낌을 갖게 되어 상공 각 방면을 망라한 1백여 유지의 발기로 9월 30일 오후 9시에 강릉읍 신진구락부 회관에서 대의원 일동의 초대회가 있었는바 강릉인 쇄주식회사 사장 정호태 씨의 환영사에 김필선 씨의 답사가 있은 후 화기가 장내에 충일한 가운데 청년 만세 삼창으로 폐회하였다."

10월 1일 강원청년연맹 집행위원회는 순회강연대를 조직하여 강원도 전 지역을 3개로 나누어 순회 사업을 결정했다. 제1대는 영동·통천·고성·양양·강릉·삼척·울진을, 제2대는 영북·이천·철원·평강·화천·금화·회양을, 제3대는 영서·춘춘·원주·횡성·홍

천·인제·양구·영월·평창·정선을 순회하기로 하고, 조원숙은 제
1대 순회강연대를 맡았다.[23]

여성해방을 꿈꾸다

조원숙은 1925년 근화학원을 나온 뒤 맘껏 활동했다. 1925년 여청
동맹, 1926년 여성동우회, 한양청년동맹, 중앙여자청년동맹, 1927년
신흥청년동맹, 강원청년동맹 등에서 집행위원을 맡았고 국제청년
기념일, 전국지방열박멸대회 준비위원으로 활동했다. 24시간이 부
족했던 날들이었다.

조원숙의 삶은 열다섯 나이로 경성에 온 날부터 달라졌다. 그녀
의 과감하고 용기 있는 행동은 상실이 아닌 현실에 맞서는 삶으로
바뀌었다. 가질 수 없는 것에 대한 욕망과 동경은 인간에게 언제나
상상하게 만든다. 여성들이 가장 많이 하는 가정은 '나도 남자가 한
번 되었으면'이다. 조원숙 역시도 이런 상상을 했다. 그이는 "내가
전일에 구가정에 있었을 때에는 모든 것이 남성의 구속을 받고 남
자와 같이 자유로 활동을 못 하였으니까 '나도 남자가 한번 되었으
면' 하는 생각이 물론 많았습니다."라고 고백하며, 그런 마음은 '천
민이 양반이 되었으면, 가난한 사람이 부자가 되었으면 하는 생각
이상으로' 간절했다고 한다. 하지만 경성에 온 뒤로 그런 생각은 사

라졌다. 그이는 "차차 이 사회에 출각을 하여 남성들이 하는 공부도 하고 남성들이 하는 운동도 하고 여러 방면으로 구속이 없이 남성과 같이 활동하니까 지금에 와서는 전과 같이 내가 남자가 되었으면 하는 무슨 부러운 생각이 없"다고 고백했다. 조원숙의 상실은 성별에 있었던 것이 아니었다. 공부하고, 운동하고, 활동하면서 부러운 마음은 사라졌다. 그래도 '남자가 되었으면' 하는 생각은 가끔 떠올랐는데, 그것은 사회제도와 습관이 변함이 없기 때문이라고 밝히고 있다. 그녀는 현실은 여전히 변하지 않았다고 지적한다.

첫째는 직업을 구할 때에 남자 같으면 방면이 많겠는데 현 제도에 있어서는 여자는 아무 곳이고 취직하기가 어렵고,

둘째는 어떠한 일을 할 때에 남자가 되었으면 좀 더 자유스럽게 하겠는데 몸이 여자인 까닭에 체질로나 인습으로나 남자와 같이 못 하는 그것입니다.

그러면서 조원숙은 "그러나 '남자가 되었으면'이라는 말은 이 제도 밑에서 하는 말이지 우리 이상대로 제도가 고쳐진다면 사람으로서 성(性)의 구별이 없을 것이요, 다만 그 인격, 능률 여하에만 문제가 될 것"이라는 점을 강조한다.[24] 그이는 이러한 제도와 규칙을 뜯어고치기 위해 직접 여성운동에 뛰어들었다. 근우회에서 충실한 일꾼이 누구냐는 질문에 누구나 조원숙이라 대답했다. 조원숙은 근우

조원숙

회를 처음 설립하면서부터 상해로 떠나기까지 열정적으로 뛰어다녔다.

여성해방을 현재화한 근우회

근우회는 한국 역사상 처음으로 여성해방을 목표로 전국 조직을 마련한 단체였다. 근우회 창립과 발기 소식이 알려지자 언론은 '조선여성운동의 서광이 비추었다'(《중외일보》), '여성운동을 목적으로 하는 근우회 발기'(《조선일보》), '근우회 발기회, 조선 여성의 전국적 기관으로'(《동아일보》)라는 표현을 써가며 앞다투어 보도했다.

1927년 4월 16일 준비위원회가 꾸려졌고, 10일 뒤인 26일 인사동 중앙유치원에서 근우회 발기총회가 열렸다. 40인의 발기인은 한달 뒤인 5월 27일 종로 중앙기독교청년회관에서 창립대회를 열었다. 근우회 준비위원회부터 창립대회까지 일사천리로 전개되었다. 그것이 어떻게 가능했을까. 한국 역사상 처음으로 전국적 조직을 가진 단체 창립이 어떻게 갑자기 조직되었을까.

이 질문에 대해 하나는 명확하게 답할 수 있다. 조원숙이 관여했던 여성동우회, 중앙여자청년동맹의 여성단체 통일이라는 일관된 흐름에서 비롯되었다는 것이다. 이들 단체는 전조선여성운동자대회 개최(여성동우회), 조선 여성운동자의 통일 도모(중앙여자청년동맹),

전조선여성단체연합대강연회와 재경여성단체연합간친회 등의 행사를 조직하는 한편, 이들 여성단체를 통합하려 노력했다. 이러한 움직임이 빠르게 물결을 타면서 근우회는 발기인이 모인 지 1개월 만에 창립대회를 개최한 것이다. 조원숙은 발기인 가운데 한 사람이었다. 1927년 4월 26일 발기인총회를 마친 뒤 오후 10시에 창립준비위원회 회의가 이어졌다. 조원숙은 일반회원 모집위원 일을 맡았다. 5월 19일 제2회 준비위원회 회의가 열렸다. 창립총회에 관한 공문 1000매를 시내와 지방 각 단체에 발송하기로 결정했다. 공문 작성과 발송위원은 조원숙과 박경식이 맡았다. 조원숙은 공문을 전 조선 각 단체에 발송했다.

1927년 5월 27일 창립대회에서 조원숙은 21인의 집행위원에 뽑혔다. 상무집행위원이자 서무부 위원이었다. 그녀의 나이 22세였다. 21인의 집행위원은 대개 20대 후반, 30대 초반이었고 최은희가 24세였으므로 조원숙이 가장 어렸던 듯하다. 아마도 그녀의 활발한 활동 경력 때문일 것이다. 창립대회 때 의안작성위원이 제안한 7개의 안건이 모두 통과되었다. 조원숙은 '여자 직업소개소 기관을 두자'고 발의했고, 이 또한 통과되었다. 중앙집행위원회는 근우회를 움직이는 심장이었다. 1년 계획뿐만 아니라 현실 정치와 사회에 적극 개입하는 일은 중앙집행위원회에서 결정했다.

근우회 발회식 때 조원숙은 연혁 보고를 했고, 근우회 선전 일에는 종로 1정목에 나가 최은희와 함께 활동했다. 1927년 송년회 개

조원숙

최 준비위원으로 활약했다. 1928년 근우회 경성지회 설립 추진위원, 발기인으로 경성지회 재무부 상무위원을 맡았다.

1928년 4월 15일 중앙집행위원회는 '전국대표자대회'를 개최하기로 결정했다. 전국대회준비위원회 회의에서 선출된 근우회 창립기념준비위원은 조원숙을 비롯한 강정희, 최은희, 심은숙, 이경희, 황찬희 6명이었다. 모두 20대 초중반의 젊은이들이었다. 조원숙은 창립기념준비위원으로서 접대부를 담당했다. 그러나 근우회 전국대표자대회는 경찰의 금지로 1928년 5월 26일과 27일에 개최하지 못하고 7월 14일에 임시대회를 개최했다. 임시대회 개최 전까지 열정적으로 활동했던 조원숙은 그 뒤 근우회의 활동 기록이 없는데, 이는 1928년 상해로 떠났기 때문이다.

조원숙이 근우회를 어떻게 생각했는지 1928년 신년에 밝힌 글에서 확인할 수 있다.

우리는 과거 1년 동안에 각 방면 여성운동자의 협동 전선으로 근우회를 결정하였습니다. 이 조직 안에는 사회주의 여성도 있고 민족주의 여성도 있고 또는 기독교도의 여성도 있습니다. 그 따로따로를 떼어놓고 보면 사상에 다른 점이 있고 또 이해에 충돌이 있을 수 있지마는 당면 운동에 공통점이 있음으로 협동이 가능하게 된 것이고 또 필요한 것이었습니다. 따라서 우리는 여하한 곤란이 있을지라도 이 협동 전선을 지지하여야 합니다.[25]

잦은 검거에도 꿋꿋하게

1926년 4월 16일 : 오전 5시 반경 종로경찰서 고등계에서는 수행동 97번지 조선여성동우회 상무집행위원 조원숙의 집을 습격하여 방 안의 구석구석을 수색한 뒤, 왕래한 사람의 수효와 성명 등을 질문하고 얻은 바 없이 돌아갔다.

1926년 6월 6일 : 신흥청년동맹 김창준, 조선노동총동맹 위원 이준태, 여청동맹위원 조원숙 등을 시내 각 처로부터 검거한 뒤 가택 수색을 했다.

1926년 6월 13일 : 종로경찰서에 검거 취조를 받고 있는 조원숙과 조옥화가 무사히 나왔다.

1926년 6월 21일 : 종로경찰서 고등계에서는 조선노동총동맹 위원 이준태, 여성동우회 간부 조원숙을 다시 검거하여 유치시켰다. 오후에는 조원숙의 아버지 조석구(趙錫龜)와 근화학교 고등과에 다니는 동생 조옥화 등이 검거되었다.

1926년 6월 22일 : 조원숙과 그의 부친 조석구가 오후 11시경에 석방되었다.

1926년 7월 11일 : 오전 10시경에 종로경찰서 고등계원이 여성동우회원 조원숙 등을 검속하고 취조 중이다. 내용은 절대 비밀에 부쳐 자세히 알 수 없다.

"6월 사건 이래로 여러번 경찰서에 잡혔다 놓였다 하던 조원

조
원
숙

숙"[26]이라고 언론에 소개될 정도로 1926년 6월 내내 조원숙은 수색과 검거, 취조라는 힘겨운 시간을 보냈다. 그런데 어떤 때는 여성동우회 간부라고 하고, 어떤 때는 여청동맹 간부라고 소개되었다. 이 시기 조원숙은 여성동우회, 여청동맹, 한양청년동맹의 집행위원을 맡았다. 그녀가 자주 검거된 까닭은 1926년 6·10만세운동과 관련되었기 때문이다. 6·10만세운동은 마지막 국왕 순종의 국장일인 6월 10일에 일어난 독립운동으로 사회주의단체 학생들이 주도했다. 언론에 조원숙과 가족들이 검거된 까닭이 이렇게 소개되었다.

사건은 절대 비밀에 부침으로 상세히 보도할 자유가 없거니와 대강을 보도하면, 지금으로부터 약 2개월 전에 권오설이 시내 적선동 방면에 잠복하여 있을 때 시내 종로서 형사가 전기 장소를 습격하였던바 그곳에 권과 무슨 밀의를 하고 있던 청년학생 한 명이 문을 박차고 도망한 사실이 있었으며 그 청년은 현재 연희전문학교에 학적을 둔 조두원으로 권과 모중대 사건을 같이 음모한 형적이 있어 그동안 종적을 탐색하였는데 비로소 21일에 이르러 그 단서를 얻어 그와 같이 급작이 활동을 시작한 결과 조두원을 잡은 것이라 하며 사건은 권과 관계 이외에 또다시 새로운 중대 사건이 발각된 모양이라더라.[27]

권오설은 고려공산청년회(고려공청)의 책임자로서 조선공산당 2차

조원숙의 오빠 조두원

당 성립과 함께 김단야로부터 자금 지원을 받으며 공산당 및 고려공청의 통신 연락 책임 및 당 경비 출납의 실권을 맡았다.[28] 6·10만세운동 투쟁지도부는 권오설의 책임 아래 구성되었고, 여기에 조선노동총동맹과 조선학생과학연구회가 참여했다. 지도부는 6월 10일 장례 행렬이 지나가는 길가에 있다가 격고문과 전단을 살포하고 '대한 독립 만세'를 외칠 것 등을 계획했다. 권오설은 이날 뿌릴 격고문을 비롯한 5종의 전단을 작성해 5만 2000매가량 인쇄해 두었다. 그런데 일제 경찰이 6월 6일에 경운동 천도교 본부를 습격해 교당 안의 격문이 담긴 상자를 발견했다.[29] 조원숙의 오빠인 조두원은 1926년 조선학생과학연구회의 간부였고, 권오설의 신청에 의해 조선공산당에 입당해 학생부에서 일했다.

6월 6일에 조원숙을 비롯한 주요한 관계자들이 거사 4일을 남겨두고 종로경찰서에 모두 검거되었다. 권오설을 비롯한 투쟁 지도부가 모두 검거되었는데 학생들과 노동자들은 순종 장례일인 6월 10일에 만세시위를 벌였다. 6·10만세운동은 3·1운동과 같은 바람을 일으키지는 못했지만 서울과 인천 등지에서 세상을 떠들썩하게 했다.

조원숙이 또다시 종로경찰서에 검거되었다는 소식이 알려진 때는 1928년 2월 3일이었다.

시내 종로경찰서에서 최창익 등 (…) 고등계원 15명이 비밀히 취조 중인데 사건의 내용은 극비에 부침으로 그 진상을 알 수 없으나 지금까지 붙잡힌 사람은 어느 한 파에 속한 사람만 아니오 소위 상해파, 서울파, 일원회파 등 3파에 속한 사람을 통틀어 붙잡는 모양이다. 사건의 내용은 제1차·제2차 조선공산당이 체포된 후에 그에 관련되지 않은 각 계통의 주의자들이 합동하여 해외에서 활약하는 김철수 등과 기맥을 통하여 다시 공산당(소위 제3차 공산당)을 조직하였다 하나 경찰 당국은 그 물적 증거를 얻지 못하여 그 간접 관계자인 박응칠의 체포 석방을 번복하며 한편으로서는 다수의 밀정을 이용하여 물적 증거 수집에 활동하다가 필경은 이 끝에서 저 끝까지 그에 관련되었으리라 혹은 그 소문을 들었으리라 하는 인물은 하나(도) 남기지 아니하고 모조리 붙들어다가 심문을 하는 것이라는데 체포된 사람 중에 중요한 사람은 다음과 같다. 하필원·도정호·허일·김철·김병일·김세연·김필선·온낙중·이창권·조기승(이상 남자), 조원숙·강정희(이상 여자)[30]

이 보도는 제3차 조선공산당 검거 소식을 알린 것이다. 조원숙은 3일 새벽에 검거되었다가 7일에 증거 불충분으로 나왔다. 그 뒤에도 9일 종로경찰서에 검거되었다가 다시 석방되었다.

고문 경관 고소 사건의 증인 출석

일제강점기 조선공산당은 크게 네 차례에 걸쳐 탄압을 받았다. 그런데 조선공산당 탄압은 물적 증거를 가지고 수사가 진행된 것이 아니다. 1926년 6·10만세운동을 계기로 사회주의자들의 상당수가 검거되었고 1928년에도 또 한 차례 많은 사람들이 검거되었다.

제3차 조선공산당 검거 때도 "공산당 조직 혐의가 있는 사람은 그 일거일동을 감시하며 조금이라도 혐의가 있으면 그 집에 형사가 출동하여 밤을 새며 감시를 하고 그 가족의 출입은 물론 그 집에 한 번만 들어갔던 사람이면 하다못해 집주인일지라도 내어보내지 않아 학생들이 학교에도 못 가게 하여 계엄령을 시행하는 듯"한 상태였다. 경찰부 아무개 간부는 "제3 공산당이 조직된 후에 내홍이 일어났다는 소식을 들은 지 이미 오랬으나 그 진상을 물을뿐더러 증거가 하나도 나서지 않음으로 그와 관계가 있으리라고 주목되는 사람을 불러다 물어보는 것인 모양이외다."라고 말하기도 했다.[31] 종로경찰서의 이러한 행태에 대해 경기도 경찰부 아무개 경찰은 "그렇게 많은 사람을 잡아다 취조를 하니 혹은 걸릴는지 알 수도 없겠지오마는 내 생각 같아서는 종로서에서 너무 일을 급히 서둘러 기

조원숙

대한 결과가 나지 않을 것 같습니다."라고 했다.[32]

경찰의 수사는 물적 증거를 바탕으로 이루어진 것이 아니었다. 무작정 관련자 혹은 관련 없는 자들을 검거해서 한 달가량 취조했고, 취조 과정에서야 사건의 전말을 파악했다. 취조할 증거 자료가 없었기 때문에 가장 중요한 증거는 자백이었다. 자백을 얻어내기까지 고문이 증거를 찾아내는 중요한 도구였다. 권오설은 6·10만세 운동으로 징역 5년형을 선고받고 옥고를 치르던 중 고문에 의해 1930년 4월 17일 옥중에서 순국했다.

1927년 10월 16일, 형무소에 있던 권오설, 강달영, 홍덕유, 이준태, 전정관 등이 변호사 후루야 사다오(古屋貞雄), 김병로, 김태영, 허헌, 이인, 한국종 등 6인에게 위탁하여 종로경찰서 고등계 미와 와사부로(三輪和三郎) 경부, 요시노 도조(吉野藤藏) 경부보, 김면규(金冕圭) 경부보, 오모리 히데오(大森秀雄) 부장을 상대로 폭행능학독직죄(暴行凌虐瀆職罪)로 경성지방법원에 고소했다.

18일에 일본노동농민당 특파원 변호사 가토 칸이치(加藤貫一)가 경성에 들어왔다. 이에 검사는 10월 20일과 21일에 권오설과 강달영을, 24일에 이준태를 심문했지만 피고소인 심문은 계속 미루었다. 10월 31일에 변호인들은 형무소로 고소인인 피고들을 방문하고 증거를 수집해 11월 1일에 나가오(長尾) 검사정에게 제출했다. 이를 증언할 증인 명단도 제출했다. 이들은 고소인들이 경찰에 검거되어 취조를 받을 때 같은 혐의로 취조를 받은 사람들이었다.

증인은 강형순(이봉수의 아내), 김영희, 조원숙, 유덕희 등이었다. 11월 9일에 김영희와 강형순을 호출했다. 검사국으로 들어가기 전에 이들은 "오라고 하였으니까 와서 당시에 보고 들은 바를 말하고자 합니다. 사실은 사실대로만 공술할 뿐이지요. 그때에 여러 가지 차마 보지 못할 상황을 보았으니까요."라고 밝혔다.[33]

공술하러 간 김영희와 강형순

변호사들은 제2차, 제3차 증인 신청을 해 고문 사실을 드러내겠다고 다짐했지만 모토하시(元橋) 검사는 11월 16일 증거 불충분을 이유로 기소하지 않기로 결정했다. 이 소식을 들은 변호인단은 23일에 정식으로 경성지방법원 검사국에 항고문을 제출했다. 12월 8일 복심법원 검사국에서도 역시 기각되었다.

이런 결말은 충분히 예견되었던 것이다. 나가오 검사정이 "고문하였

조원숙

다는 내용이 어떠하며 증거는 어떠한 것이 있는지 알 수 없으되 고문을 받았을지라도 증거가 분명치 못하면 성립되지 못하겠지요. 가령 권오설의 앞니 두 개가 부러졌다고 하더라도 경관이 때려서 그렇게 된 것인지 혹은 자기가 스스로 넘어져 그리된 것인지 그것을 분명히 하여야 되겠지요."라고 밝힌 것처럼 이미 결론이 내려져 있었다.[34]

그럼에도 큰 의미가 있었다. 형무소에 갇혀 있음에도 자신들이 부당한 고문을 당했다는 것을 세상에 알렸다. 모든 사건의 중심지인 종로경찰서 고등계 미와와 오모리는 핵심 관계자였다. 물론 그들이 이 사건으로 커다란 타격을 받지 않았지만 불편한 심정을 여지없이 드러냈다. 한동안 고문 경찰이라는 낙인도 쉽게 지워지지 않았다. 전국에서 고소인 지지 성명이 끊임없이 올라왔다. "고문 경관 고소 사건을 모토하시 검사가 맡은 이래 조선 전국 각 사회, 청년, 노농(勞農) 각 단체로부터 눈발같이 경고문이 매일 답지하여 이미 500~600통이 들어왔다."[35] 이를 잠재우기 위해 일제 경찰은 고문 경찰 논의나 성명서를 일체 인정하지 않았고 집회조차 금지시켰다.

상해에서 돌아와서

조원숙은 몇 차례 검거에도 불구하고 1928년 5월 근우회 전국대회 준비위원이 되어 분주하게 움직였다. 그런데 그 뒤 근우회에서 조원숙의 활동은 더 이상 확인되지 않는다. 이는 조원숙이 상해로 떠났기 때문이다. 조원숙이 상해로 떠난 까닭은 1926년, 1928년 조선 공산당 검거와 취조로 국내 활동이 불가능하다고 판단했고, 연인 양명이 중국으로 망명했기 때문이다.

양명은 경상남도 통영 출신으로 북경대학 문과에서 수학했고, 〈조선일보〉 정치부 기자였다. 1926년 조선공산당 제2차 대회에 참석해 중앙위원 후보로 선임되었다.[36] 1927년 11월 2일 김준연 당 중앙이 총사퇴하고 양명은 새로운 중앙 구성에 대한 전권을 위임받았다. "양명 한 사람이 후계 간부를 조직하고 해외로 밀항하면 당국에 검거되는 일이 있어도 양명이 조직한 당 간부는 누구도 알 수 없"기 때문이었다.[37] 양명은 김세연을 후계 책임비서로 선정한 뒤, 1928년 초 '제3차 조선공산당 검거 사건'을 피해 중국으로 피신했다. 1928년 6월 코민테른 제6차 대회 파견대표로 선정되어 10월에 모스크바에 도착했다. 1929년 5월 길림에서 개최된 '조선공산당 재조직대회'에서 중앙위원으로 선임되었다. 이후 중국에서 활동하다가 1931년 소련으로 망명했다.

이때의 생활에 대해 조원숙은 〈독립신보〉에 이렇게 말했다.

"상해서 양명이라는 남성 동지와 만나 극히 자연스럽게 결혼 생활을 시작했죠. 그때 난 서른 살이었더랬는데 안온한 가정 생활이 그리운 적도 없지 않아 있었지마는 그인 밤낮을 가림이 없이 연락 사업에 바빴고 때로는 쏘련·연안 등지로 장기 여행을 떠났기 때문에 동거 생활 3개년에 한 달을 함께 살아본 일이 없어요. 그땐 나도 열심히 공부는 했댔어요."

"그다음 그분은 어데로 가셨습니까?"

"모르죠. 폭풍 전야에 모스코바로 간다고 가버렸는데 어데 소식이 있어요!"

"그게 몇 년 전 일입니까?"

"그때 배 안에 들었던 애가 지금 열여섯 살이니까 17년 전이군요. 그동안 전연 종적을 모르죠. 그다음 나는 그이의 고향인 경상도 거제도 섬 속에 들어가서 시어머니의 푸념을 들으며 무, 배추를 매가꾸면서 그만 이렇게 늙어버렸답니다. 호호…. 이 시집살이하는 동안의 나의 운동이란 극히 미온적이었던 것이 사실이었습니다."[38]

1928년 6월 이후 조원숙의 공식적 활동이 멈추었다. 아마 이때부터 상해로 가기 위한 준비를 하고 있었던 듯하다. 그곳에서의 생활은 위 인터뷰에 잘 드러나 있다. 양명과 살았지만 한 달을 함께 생활한 적이 없었다. 조원숙은 열심히 공부하며 임신과 출산을 했다. 연인 양명은 1931년 소련으로 망명했고 결국 조원숙은 아이를 데리고 홀로 조선으로 돌아왔다.

조원숙이 조선으로 돌아오자 잡지와 신문에서는 그이의 소식을 실어 날랐다. '고향 양양에서 죽었다', '긴 치마에 고무신을 신고 어린애를 안은 채로 아이에게 젖을 먹이며—한마디로 아주 시골 부인이 되었다', '머리는 흐트러지고 어린아이는 등에 업고 고무신에 낡은 치마 그리고 치마 안으로 보이는 돈주머니 그 초초한 행색에는 놀라지 않을 수 없었다', '미인에 모냥 내기로 유명하던 그가 이제 웬일일까?' 등의 흉흉한 소문이 나돌았다.[39] 이렇게 소문이 난 것은 아마도 귀국한 뒤 서울에 잠깐 들렀는데 종로경찰서 경찰에 이끌려 경찰서에서 검사를 받았던 일 때문인 듯하다. 종로경찰서는 남산여관에 머물러 있던 조원숙을 불러 조사했고, 그이의 트렁크까지 경찰서로 가져갔다. 이 때문에 여관에서는 젖을 떼지 않은 갓난아이를 데리고 경찰서로 갈 수밖에 없었다.[40]

상해에서 출산을 한 조원숙은 귀국해서 고향인 양양에서 1년 동안 살았다. 그뒤 통영인 시댁으로 갔다. 해방되기 전까지 통영에서 아이를 키우면서 생활했다.

해방, 새 세대는 새 사람들의 것

해방 당시 조원숙은 40대 초반이었다. 그이는 〈독립신보〉 인터뷰에서 "지금부터의 운동은 새로운 동무들에 절대적으로 믿는 바가 큽

해방 당시 조원숙

니다. 새 세대는 새 사람들의 것이니까요. 우리 같은 늙은 이는 억지로 젊어지려는 노력에서만 용기를 얻습니다."라고 밝혔다.[41] 젊은 세대를 믿고 용기를 내어 운동을 하겠다는 의지를 드러낸 것이다.

통영에서 아이를 키우며 생활하던 조원숙은 1945년 9월 이후에 서울에 올라온 듯하다. 그이의 공식적 활동이 알려진 때는 1945년 10월 5일 조선혁명자구원회 결성에서였다. 조선혁명자구원회의 구원부장을 맡았다. 이 단체는 해방이 되자마자 위로금을 전달하는 등 일제의 탄압을 피해 잠복하고 활동력을 잃은 옛 동지들과 운동 세력을 점검하거나 규합했다.[42] 그리고 10월 13일 민족반역자조사회준비위원회를 결성했는데 준비위원으로 조원숙이 참여했다. 이 두 단체는 인적 구성이 비슷한데 이때부터 본격적으로 활동한 듯하다.

건국부녀동맹에서는 '전국부녀단체대표자대회 소집 준비위원회'를 구성하고 대회를 소집하기로 결정했다. 조원숙은 대회 준비위원이었다. 조선부녀총동맹(부총) 결성대회에서 조원숙은 대의원 자격 심사를 발표했다. 조원숙은 부총 조직부장을 맡았는데 함께 일했던 부원은 이순금, 이경희, 최옥희, 윤승빈, 허동춘, 이경한, 이정숙이었다. 부총의 조직부장으로서 활동을 펼쳐 나갔다. 부총 주최 '공창폐지와 사회대책 좌담회'에도 부총의 다른 집행위원들과 함께 참가했다. 그리고 부총의 조직부장으로 미소공동위원회를 "삼성회의에서 결정한 것을 실천에 옮기는 기관으로 생각"한다면서 미소공동위원회의 원활한 개최를 환영했다.[43] 또한 희생학병연합장 위원, 민전 상임위원, 정당등록법 철회 또는 개정을 요청하는 대표를 맡았다.

1947년 2월 10일에 열린 부총 제2회 전국대회에서도 조원숙은 중앙위원 71명, 지방대의원 435명에 대한 대의원 자격 심사 보고를 했고, 중앙집행위원으로 선출되었다. 2월 26일 조원숙, 정칠성 등은 미군정청을 방문해 남녀평등권에 관한 건의안을 제출했다. 메이데이 기념행사 참가로 처벌의 부당성을 지적한 학무국 고문 마틴에게 감사문 전달(1947년 5월 22일), '미소공위속개축하 및 민주주의임시정부수립촉진 시민대회' 개최 준비위원(1947년 5월 18일), '단선단정반대 통일정부수립촉진 인민대회' 준비위원(1948년 4월 19일) 등의 활동을 했다. 그리고 1948년 8월 25일 해주에서 열린 남조선 최고인민회의 제1기 대의원으로 선출되었다.

두 편의 글, 지도자론

해방공간 조원숙은 토지개혁과 지도자론에 관한 2편의 글을 썼는데 여기에서는 지도자론에 대해 살펴보고자 한다. 해방공간 조선부녀총동맹(부총)과 남조선민주여성동맹(여맹) 위원장인 유영준을 논평한 글로 홍종희의 「위대한 인민의 지도자 유영준 선생론」과 조원숙의 「덕의의 인 불요의 투사, 조선 여성의 선구 유영준 선생」이 있다. 홍종희는 30대로 부총의 재정부 위원이며 유영준의 비서였고, 조원숙은 40대로 부총의 조직부장이었다. 이 글들은 1947년 6월, 7월에 발표되었는데 지도자로서 어떤 점을 중요하게 생각했는지 알 수 있다. 이들이 유영준의 어떤 점을 들어 지도자로의 적합성을 지적했는지 확인해보자.

선생은 한 남편의 부인이 아니오 한 아들의 어머니가 아니오 피압박 인민의 부인이며 노예가 된 청년들의 어머니로서 오랫동안 전 인민을 위하여 싸운 것이다. (…) 선생은 커다란 주머니를 가지고 다니시면서 늙은 할머니가 손자를 생각하듯이 젊은 청년들을 생각하시어 배곯아 하는 젊은 민주 청년이 있으면 언제든지 그 주머니 속에 있는 돈을 다 꺼내서 주시는 인정미는 위대한 혁명가가 가지는 여유 있는 인간미를 젊은이들에게 맛보게 하는 한 개의 자랑거리가 되는 것을 나는 언제든지 선생의 옆에서 이것을 볼 때마다 느끼었다.[44]

선생은 양심의 인이며 양식의 인이다. 선생이 생애를 투쟁 일관해오는 것은 선생의 불의 앞에 참지 못하는 불타는 정의감과 아울러 세계사적 행정을 통찰하는 야식에서인 것이다. 선생의 지도 밑에 있는 조선민주여성동맹이 조선 천오백만 여성의 선두에 공사창 폐지 운동, 남녀동등권 법령의 실시를 주장하고 있음은 당연한 일이다. 유영준 선생은 그 적을 미워하는 정의감과 세계사를 통찰하는 양식으로서 조선의 여성 및 근로 인민의 참된 지도자가 된 것이다. 선생은 조선의 유수한 웅변가의 한 사람이다. 그 풍부한 성량과 활달한 제스처와 웅변 자재한 화술은 항상 적의 심장에 육박하고 있으며 수많은 청중을 사로잡아 열광의 도취 속으로 몰아넣고 있는 것이다. (…) 유영준 선생은 인민의 지도자로서 구비한 자질과 열성을 가졌다. 전 심신을 오직 인민에게 바쳐 싸우는 선생에게 조선인민은 반드시 대가의 영광을 보낼 것을 우리는 확신해 마지않는다.[45]

둘 다 유영준이 지도자가 되기에 적당한 역사적 맥락으로 그가 3·1운동에서 근우회 그리고 부총으로 이어진 한국 여성운동의 큰 흐름에 함께하고 있음을 지적한다. 이와 함께 이들이 지적한 것은 개인의 자질이다. 홍종희는 젊은 세대와 어울리는 점을, 조원숙은 정의감, 통찰, 대중성을 중요하게 생각했다. 소통과 정의감, 통찰력과 대중성이 지도자로서 가져야 할 덕목이라는 것은 오늘날에도 마찬가지다.

조원숙

굴곡진 역사 앞에서

2009년 『위클리경향』 813호에 「현대사 아리랑—조선부녀총동맹 중앙집행위원 조원숙」을 쓴 김성동은 "조원숙 자취는 알 길이 없다. 1948년 8월 제1기 최고인민회의 대의원으로 뽑힌 다음부터는 아무런 자취가 없다."고 밝혔다.[46] 조원숙의 발자취는 1948년 8월에서 그친다. 그런데 그이의 흔적을 알 만한 기사가 1956년에 나온다.

늙은 한국판 적색 여간첩이 체포되었다. 소위 괴뢰 최고인민회의 대의원인 여간첩 2명이 체포되었다. 경찰 당국에 입수된 보고에 의하면 경남경찰국에서는 지난 10월 16일 부산시 수정동 165 박성준 집에 잠복 중인 소위 괴뢰 최고인민회의 대의원 대남공작대원 조원숙(57) 외 2명 그리고 10월 9일에도 전남 광주시 순기동 4의 2 나학순 집에서 권은해(權銀海, 54)를 각각 체포하였다고 하는데 조와 권의 활동 사실은 다음과 같다고 한다.

조원숙은 본적을 강원도에 두고 해방 후 공산당에 입당, 민주여성동맹 중앙위원 겸 조직책으로 활약타가 4281년(1948년) 8월 25일 북한으로 월북한 후 괴뢰 최고인민회의 대의원이 되었고 6·25동란 시에 괴뢰 마산 통영군 인민위원장의 자격으로 괴뢰군과 함께 남침한 후 지금까지 그의 거주인 부산시 수정동 165에 근거를 두고 간첩 행위를 하였다.

권은해는 본적을 경남 양산군 양산면 남부동 232에 두고 소위 민주여성동맹 경남도위원장으로 활약하다가 4281년 8월 25일 월북한 후 괴뢰 최고인민회의 대의원이 된 후 괴뢰군 소좌로 임명되어 6·25 당시 부산시 동래군 인민위원장의 자격으로 괴뢰군과 함께 남침한 후 전남 광주시 충장로 25에 거주하면서 간첩 행위를 하여왔다고 한다.[47]

기사는 '두 늙은 마타하리 체포'라는 모욕적인 표현으로 조원숙과 권은해의 체포 소식을 알렸다. 조원숙과 권은해는 일제강점기에는 근우회 중앙과 지방에서, 해방 후에는 부총과 여맹에서 활동했다. 이들이 어떻게 '간첩'이 되었는지는 1990년 권은해를 인터뷰한 한상구의 글에 잘 나와 있다. 전쟁이 나자 권은해는 평양으로 올라와 내무성에 인민군을 따라 내려가겠다고 주장했다. 권은해는 "한 달 있다가 돌아오겠다고 했는데 2년이 됐으니 아이들이 어찌 됐는지 알 수 없다고 막무가내로 가야겠다고 고집했습니다."[48]라고 증언했다. 서울에 도착한 권은해는 곧장 진주로 내려가 딸을 만났다. 전세가 역전되고 진주에 모여 있던 옛 동지들은 모두 지리산에 들어갔다. 권은해도 지리산에 들어가겠다고 했으나 오십이 가까운 여자 몸으로 빨치산 투쟁을 할 수 없다고 거절당했다고 한다.

당과 연락이 끊기고 함양, 진주, 목포, 제주, 영산포, 광주로 그의 피신 생활은 계속되었다. 현상금이 붙어 있어 경찰은 온 집안 식구들을 들볶았다. 그는 1955년 체포되어 15년형을 선고받았다. 감형을 원치 않았으나

조원숙

2년이 감형되어 1967년 석방되었다.[49]

권은해의 인터뷰에 따르면 조원숙과 권은해는 결국 후퇴하지도, 지리산에 들어가지도 못하고 체포될 때까지 5년 동안 피해 다녔던 것이다. 1956년 신문 보도는 권은해의 인터뷰에 따르면 거짓 내용이다. 신문에 보도된 이들의 범죄 사실은 이렇다.

> 조원숙 : 지리산 공비로 암약하다 지금까지 간첩 활동을 계속 중 10월 16일 피체되었다.
> 권은해 : 괴뢰군 패주 시 지리산에 입산하여 공비로 활약 중 북한 괴뢰로부터 도심지에 침투하여 군경의 동태·정치·경제 등 각종 정보를 수집하라는 지령을 받은 다음 (…) 피체되었다.[50]

결국 조원숙과 권은해는 국가보안법 위반으로 15년형 언도를 받았다. 전쟁 때 조원숙이 통영에 내려온 까닭은 아마도 권은해와 비슷한 사정이었을 것이다. 조원숙도 권은해처럼 1개월만 있다가 돌아오겠다는 말을 하고 통영에 자녀를 두고 북으로 올라갔을 것이다. 그리고 자식을 만나기 위해 통영으로 내려왔으리라. 조원숙은 권은해보다 두 살이 더 많았기 때문에 당연히 지리산에도 들어가지 못했을 것이다. 그리고 오빠인 조두원이 전쟁 이후 북한에서 처형당했다는 소식도 들었으리라. 북으로 올라가기도 힘들었던 듯하다.

조원숙은 권은해처럼 13년을 형무소에 살았는지 아니면 그 사이에 사망했는지 알 길은 없지만 1955년 체포되어 15년형을 받았다.

1906	· 강원도 양양 출생
1921	· 양양에서 서울로 부모 몰래 올라옴
1923	· 5월 근화학우회 임원 · 11월 조선여자교육협회 남선순회연극무용단 단원
1925	· 1월 경성여자청년동맹 집행위원 · 8월 한양청년연맹 검사위원 · 11월 단발 단행
1926	· 조선여성동우회 집행위원 · 정종명과 지방 순회 강연 · 중앙여자청년동맹 집행위원 · 한양청년연맹 집행위원 · 제2차 조선공산당 검거 사건에 연루되어 검속되었으나 석방
1927	· 4월 중앙여자청년동맹 집행위원 · 5월 근우회 집행위원 및 서무부원 · 8월 국제청년기념일 준비위원 · 9월 지방열박멸대회 준비회 재정부 위원 · 10월 강원도 청년연맹혁신대회 참가, 순회강연대원으로 선정 · 12월 근우회 주최 재만동포동정음악대회 준비위원
1928	· 상해로 떠남
1931	· 귀국
1945	· 조선부녀단체대표자대회 소집준비위원회 준비위원 · 12월 조선부녀총동맹 중앙집행위원, 조직부장
1946	· 2월 민주주의민족전선 중앙위원 · 조선부녀총동맹 조직부장
1947	· 남조선민주여성동맹 조직부장
1948	· 8월 남조선인민대표자대회에서 최고인민회의 대의원으로 선출
1955	· 경남경찰국에 체포
1957	· 국가보안법 위반 15년 언도

강정희

4

고국이 그리워서 찾아오다

姜貞熙, 1905~?

조선에 온 아끄니아

강정희는 1905년 러시아에서 태어났다. 재러 한인 2세인 셈이다.
『신가정』에 실린 「여성운동의 전위들」이라는 글에 강정희는 이렇
게 소개되었다.

노령 출생으로 그곳에서 여자중학교를 마치고 떠듬떠듬하는 조선말 솜
씨로 귀국하여 침식을 잊고 북풍회, 경성청년회, 경성여자청년회, 여성동
우회, 근우회 등 사회운동 단체에 역원이 되어 활동하였다. 쾌활하고 억
짓손 세고 말 잘하는 씨는 4, 5차나 부자유한 몸이 되었었다. 금년에 33세,
이 운동으로 종신할 분이다.[1]

강정희가 어떤 사람인지, 일제강점기에 어떤 곳에서 활동했는

지 이 세 문장에 모두 표현되어 있다. 일제강점기 강정희는 밝고 활달하며 모든 일에 최선을 다하는 사람이었다. 그래서 그이를 알고 있는 사람들은 서대문형무소에서 나온 뒤 그이의 '활기'가 소진될까 걱정했다.

러시아에서 태어난 아끄니아, 강정희는 그곳에서 고등여학교를 졸업했다. 1922년 18세에 결혼하여 이듬해 남편과 함께 블라디보스토크로 공부하러 갔다. 이곳에서 아끄니아는 간호사 양성 과정에 들어간 듯하다. 1924년에 이혼했는데 이때 많은 사람들을 만난 듯하다. 그녀에게 영향을 주었던 사람은 한 살 많은 방순희였다.

방순희는 원산에서 태어났지만 그이의 나이 여덟에 가족들이 블라디보스토크로 이주했다. 방순희는 블라디보스토크의 삼일여학교를 졸업한 뒤 서울의 정신여학교에 입학했다. 1923년 정신여학교를 졸업하고 블라디보스토크로 돌아와 다시 신한촌의 백산소학교에서 2년 동안 한인 청소년을 가르쳤다.[2] 1925년 8월 방순희는 고국을 그리워했던 아끄니아와 함께 서울로 돌아왔다.

방순희는 북풍회에 가입했고, 1925년 10월 31일 서울 재동에서 개최된 경성청년회 월례회의에 참석했다.[3] 아끄니아는 여관에서 방순희와 함께 지냈고, 방순희는 아끄니아를 여러 단체에 소개해주었다. 이렇게 아끄니아의 서울 생활이 시작되었다. 다음은 아끄니아가 아닌 강정희라는 이름으로 처음 소개된 기사다.

강
정
희

강정희

시내 재동 84번지 경성청년회 안에 있던 노어연구부에서는 그동안 여러
가지 사정으로 휴지 상태에 있던바 마침 노서아(러시아)의 생장으로 치타
중학을 졸업하고 그곳에 있는 의학전문학교에서 의학을 연구하여가지고
그곳에서 교육에 종사하다가 이번에 고국에 돌아온 강정희 양을 선생으
로 초빙하여 그 전보다 더욱 충실한 내용으로서 교수를 시작한다는데 개
강 일자는 11월 1일부터라 하며 장소의 관계로 모집 인원은 20명으로 제
한하여 매일 오후 7시부터 동 8시까지로 하고 지금 강습생을 모집 중이
라는데 (…).[4]

강정희는 러시아어 강사로 조선에 첫걸음을 내디뎠다. 일어를 제외한 외국어를 가르치는 선생으로는 처음이었다고 한다.[5]

청년단체 활동 — 강연

방순희의 소개로 강정희는 북풍회에 가입했다. 그이는 여기에서 정종명을 만났다. 정종명은 조선여자고학생상조회, 조선여성동우회, 북풍회, 정우회, 조선간호부협회 등의 창립 위원이며 주요 직책을 맡았다. 정종명은 1923년부터 전국을 돌며 여성의 역사, 여성해방운동, 자본과 여성 등의 주제로 강연하러 다녔다.[6] 강정희는 정종명의 강연 길에 함께했다.

조선여자고학생상조회에서는 기숙사를 확장하여 보다 더 여자 사회를 위하여 많은 공헌을 하고자 하였으나 항상 물질이 용허치 않음으로 무한히 고민을 느끼던바 지난 21일 집회의 결의도 조선여성동우회 간부 정종명 여사와 강아그니아 양이 바쁨을 무릅쓰고 그 회를 위하여 작 25일에 전라북도 금산 방면으로 동정 강연을 하고자 떠났다고 한다.[7]

이를 계기로 순회 강연을 시작했는데 1926년 4~5월 동안 진행된 강정희의 강연 일정은 아래와 같다.

날짜	장소	주최와 후원	강연 주제
4. 24.	전남 광양	광양여자청년단 · 광양청년회 주최, <시대일보> 광양지국 후원, 여성문제대강연회	해외 조선 여성의 소식
4. 26.	전남 순천	순천청년회 · 순천여자청년회 주최, 여성문제대강연회	
4. 27.	전남 벌교	전남 벌교 무이단, 여성문제강연회	
4. 30.	전남 고흥	고흥청년회 강연회 개최 좌절, 청년회관에서 환영회를 열고 의견 교환	
5. 6.	경남 삼천포	삼천포청년회 주최, 3000여 명 모임	
5. 9.	경남 고성	고성청년회, 여성대강연회 개최 좌절, 좌담회 형식으로 변경 개최	러시아 재한 여성 생활
5. 25.	경남 진주	진주여자청년회, 여성문제대강연회 개최 좌절, 여성 회원에 한해 간담회 허용	
5. 26.		양화직공조합, 창립 4주년 기념식 거행	
6. 5.	경남 함안	함안청년회, 여성문제대강연회	외지 여성 생활, 내지 여성

　강정희의 강연 소식은 몇 개 소개되지 않았다. 그런데 1926년 4월 말에서 6월 초까지 정종명의 강연은 전라남도와 경상남도로 이어졌다. 이때 강정희가 정종명과 동행했기 때문에 그이도 함께 강연했으리라 추측된다. 그녀의 강연 주제는 대개 해외 조선 여성의 생활이나 소식, 특히 러시아 재한 여성들의 생활이었다.

　이 경험은 강정희로 하여금 조선에서의 생활에 자신감을 갖게

했다. 1927년 중앙여자청년동맹에서는 남조선 하기 순회 강연를 기획했는데 강정희는 여기에 연사로 참가했다. 그리고 1927년 3월 8일 여성의 날을 맞아 여성동우회, 중앙여자청년동맹 연합 대강연회에서 강정희는 '국제무산부인데이와 러시아혁명'이라는 주제로 당대 최고의 이론가들이었던 박원희(국제무산부인데이의 유래), 정종명(국제무산부인데이를 기념하라), 황신덕(조선 부인의 국제화), 박신우(3월 8일과 조선 여성), 이현경(국제무산부인데이를 마지면서 조선 여성에게), 나순금(여자 해방과 3월 8일)과 함께했다.[8]

중앙여자청년동맹과 근우회

종로경찰서장이 경성지방법원 검사정에게 보낸 「사상 문제에 관한 조사 서류—경종경고비 제6786호의 2」에 따르면 강정희는 경찰의 감시 대상자였다. 이는 그이가 조선청년총동맹의 중앙집행위원이었기 때문이다. 1927년 조선청년총동맹은 일제 경찰로부터 집회 금지를 당해 서면으로 제3차년도 중앙집행위원회를 열었는데 강정희는 중앙위원으로 선출되었다. 조선청년총동맹 이외에도 강정희는 '강원청년연맹 혁신대회'에 참가했고 강원청년연맹의 영북, 이천, 철원, 평강, 화천, 금화, 회양 지역 순회강연대를 맡았다. 그리고 '고박순병동지 재경사회단체연합추도회' 준비위원, '고박원희동지 각 사회단체연합장의 준비회'의 장의부를 맡았다.

강정희는 중앙여자청년동맹과 근우회에 적극 참여했다. 1926년 12월 5일 중앙여자청년동맹 총회에서 강정희는 집행위원으로 선출되었다. 1927년 새해에 그녀는 중앙여자청년동맹의 미래를 이렇게 밝혔다.

우리 여성운동은 다른 운동에 비하여 일반화하지 못하였다고 압니다. 우리는 앞으로 더욱 선전과 조직에 노력하려 합니다. 아직까지도 봉건적 사상의 여파에 얽매어 굴복, 학대 등의 질곡 중에서 신음하는 그것을 근본적으로 타파시키는 반항의 범위를 넓히도록 할 것이며 이에 여청의 임무는 더욱 투쟁적 의식을 교양하기에 힘쓰는 동시에 한 걸음 더 나가서 계급적 연대 책임을 다하여야 될 과정의 모든 해방운동에 한 힘을 도우려고 합니다. 현금 상태에 비추어 여성들을 일관할 독립전선 총 기관 필요의 소리가 높습니다. 새해에는 실현될 줄 압니다.[9]

강정희가 상상한 중앙여자청년동맹의 방향은 여성 교양과 계급연대의 확장, 여성단체의 통합이었다. 강정희는 1927년 4월 16일 중앙여자청년동맹 정기총회에서 집행위원으로 다시 선출되었다. 숙명여학교 동맹휴업이 길어지자 중앙여자청년동맹은 "이 문제가 단순히 일개 학교의 맹휴에 그치지 않고 사회문제화 하는 이상 좀더 힘있는 방침을 취하기 위하여 경성에 있는 각 단체와 연합 토의회"를 개최하기로 하고 발기회를 준비했다. 강정희는 박원희, 심은숙과 함께 준비위원으로 선정돼 이를 조직했는데 경찰이 경무국의 명령이라며 금지했다.[10] 또한 부인 강좌회(10월 23~29일)와 간담회 개최를 위한 준비위원이었다. 강정희는 중앙여자청년동맹에서 다양한 활동을 했고 이러한 열정적 활동은 근우회 참가로 이어졌다.

강정희는 근우회 발기인 40인의 일원이었으며, 창립대회 때 임시 집행위원 중 한 사람이었다. 송년회 개최 준비위원(1927년), 근우회 경성지회 설립 추진위원(1928년 2월), 경성지회 설립대회 때 재무부 상무위원(3월) 등을 맡았다. 또한 강정희는 전국대표자대회 창립 기념 준비위원이자 대회 준비위원으로 우봉운, 방신영, 신정균, 신경애와 함께 재무부를 맡았다. 근우회는 7월 14일 임시대회 때 강정희는 중앙집행위원으로 선출되었다. 1928년 7월 23일 제1회 중앙상무위원회 때는 심은숙과 함께 조사부를 맡았다.

독서회 사건

일제강점기 조선의 페미니스트들은 경찰서에 자주 불려갔다. 강정희도 조선에 들어왔던 때부터 종로경찰서에서 조사를 받았다. 1927년에는 경찰의 요시찰 명단에 올라 1928년 2월 4일 검거되었으나 7일에 무혐의로 풀려났다. 1930년 8월 9일 용산경찰서 고등계는 다시 강정희를 검거했다. 처음 강정희가 검거된 이유는 이종림과 만났기 때문이다. 이종림은 1927년 11월에 고려공청 함경남도 책임자로 1928년 2월에 일제의 조선공산당 탄압을 피해 블라디보스토크로 망명했다. 1929년 10월에 귀국해 조선공산당(ML파) 성원들을 재규합하고 1930년 학생독서회, 노동자 야체이카 조직 활동에 종사했다.[11]

> 7월 31일 이래 시내 용산서 고등계에서 취조를 진행 중인 주정원, 강정희, 나영철, 여창빈, 이상선 등에 관한 모종 비밀결사 사건은 그 후 탐문한 바에 의하면 금번 사건의 주범이라고 할 만한 미체포 중의 이종림이 시내 관훈동 모 여관에 잠복해 있으면서 비밀히 전기 주정원, 나영철 등과 연락을 취하여가며 시내 각 중등학교 남녀 학생들을 중심으로 독서회를 조직하여가지고 시국에 관한 과격한 사상을 고취하는 한편으로는 간도공산당에 관계가 있는 여창빈과 제휴하여 모종 비밀결사를 조직하려다가 (…) 체포된 모양인데 (…).[12]

1930년 9월 17일, 강정희는 치안유지법 위반으로 경성지방법원 검사국으로 넘겨졌다. 6월 14일에 이종림의 집에 모여 적화사상 연구회를 조직했다는 혐의였다. 『공산주의 ABC』, 『프롤레타리아 경제학』을 토론하며 매주 1회씩 회합을 가졌다. 나영철(중앙기독청년학관 학생), 홍종언(경성고학당 학생), 이상선(제일고등보통학교 학생) 등이 학교

안에서 독서회 조직을, 이용택(화신상회 점원)과 최명출(마산청년동맹 집행위원, 경남청년연맹 조직부원) 등은 상점원과 지방 도시의 공장 지대에서 야체이카를, 강정희는 주정원과 함께 여성운동을 일으킬 것을 약속했다.[13] 공판에 넘겨지기까지 서대문형무소에 있던 강정희는 조선에 가족이 없었다. 그 때문인지 그녀는 서대문형무소에 있는 동안 겨울을 지내기 힘들었던 듯하다. 그 걱정이 편지에 잘 드러나 있다.

참으로 오래간만입니다.

저는 별 탈 없이 잘 있습니다. 몸도 건강합니다. 다만 코가 좀 아프기를 시작하여서 걱정이 됩니다. (…) 미안하지만 돈 5원이고, 10원이라도 있으면 차입하여주세요. 가을이 돌아오고 나니 여러 가지로 돈이 필요합니다. 우선 작년 겨울에 입던 솜옷들을 고쳐 입어야 하겠는데 큰 걱정입니다. 그리고 기타 일용품도 다 떨어져서 역시 딱합니다. 사식에 대하여서는 윤의병(尹宜丙) 씨 집에 밥을 부쳐주셨으면 감사하겠습니다. 될 수 있는 범위 내에서 노력하여주세요. 그리고 영어 강의록을 한 권 차입하여주세요. 저작자는 선택에 맡깁니다. 9월 11일.[14]

연인 하필원도 대전형무소에 복역 중이었다. 따라서 형무소에서 생활하는 데 어려움을 다른 이에게 전달한 듯하다. 하필원은 강정희가 진주에 강연하러 내려갔을 때 만났다. 1926년 5월 26일, 진주 양화직공조합 창립 4주년 기념식에서였다.

강정희의 연인 하필원

진주 양화직공조합에서는 지난 26일에 창립 제4주년 기념식을 진주 비봉동 노동공제회관에 오후 2시부터 강덕문 씨의 의미심장한 개회사를 비롯하여 조합원의 소감을 말한 뒤 내빈 축사로 특히 경성여성동우회 간부 정종명, 강아그니아 외 양 씨의 현대사회의 불합리와 무산자 단결을 설파하는 축사를 비롯하여 재 일본 동경 일월회 대표 하필원 씨의 축사와 경성정우회 대표 천두상 씨의 간단한 축문 등을 낭독한 후 오후 5시경에 폐회하고 (…).[15]

하필원은 1900년 경상남도 하동 출생으로 와세다(早稻田)대학 정치경제과를 졸업했다. 도쿄에서 유학 생활을 하면서 사상단체 일월회에 가입했고, 1926년에 귀국해 정우회에 가입했다. 1927년에 고려공산청년회 책임비서, 조선공산당 조직부원이 되었다. 1928년 2월 일본 경찰에 검거되었으며, 1930년 6월 경성지법에서 징역 6년을 선고받았다.

경성지방법원에서의 모욕적 심문

용산경찰서가 조사한 이 사건은 '독서회 사건'이라 알려졌지만 공판 받을 때는 '조선공산당 재건 사건'으로 불렸다. 1930년 8월 초에 30여 명이 검거되어 취조를 받았는데 그 중 11명이 치안유지법 위반으로 9월 17일 경성지방법원으로 송국되었다. 그리고 9월 27일에 4명의 여성은 혐의 없음으로 불기소 처분을 받고 강정희, 주정원, 나영철, 이상선, 홍종언, 이용택, 최명출 등 7명은 예심법정으로 넘겨졌다.

1931년 12월 9일에 예심이 종결되고 7명 모두 유죄를 받아 공판에 회부되었다. 1932년 2월 23일에 경성지방법원 제4호 법정에서 제1회 공판이 시작되었다.

이 사건은 강정희와 주정원 등 여성들이 중심 역할을 했다는 점에서 언론의 주목을 받았고, 친척을 포함한 100여 명의 방청객이 몰렸다. 재판장 야마시타(山下), 검사 사사키(佐佐木), 변호사 김병로의 입회 아래 개정되었다. 경찰들과 간수들이 신문사 사진반원의 카메라를 피하느라 공판이 10분간 늦어지자 재판소 측에서 간수에게 개정을 독촉하기도 했다. 소란 끝에 방청인과 피고 입정이 끝나자 사사키 검사가 5분간 공소사실을 낭독했다.

강정희의 심리는 11시부터 1시까지 2시간 동안 진행되었다. 강정희는 일본말은 알아들었지만 말은 못 해 대답은 조선말로 하겠다

강
정
희

고 했다. 강정희의 대답은 통역을 통해 전해졌다. 강정희의 심문은 〈동아일보〉, 〈조선일보〉, 〈중앙일보〉, 〈매일신보〉에 모두 게재되었다. 이들 신문에 러시아 생활, 결혼, 이혼, 조선에 들어온 계기, 하필원과의 연애, 독서회 조직 등의 내용이 실렸다. 치안유지법 위반으로 공판을 받았는데 어떤 사항들이 치안유지법 위반인지 신문에 게재된 심리 과정에는 설명되어 있지 않다. 오히려 초점은 강정희 사생활을 묻는 것이었다. 심지어 조선에 들어오기 전 결혼과 이혼 그리고 하필원과의 연애에만 초점을 두고 있다.

재 : 피고는 소학교 고등여학교를 졸업하고 김유암(金有岩)이라는 사람과 결혼하였다지?

강 : 네.

재 : 피고는 결혼한 후에 남아를 생산하고 해삼위(블라디보스토크)에 갔었는데 무슨 일로 갔든가?

강 : 공부하러 갔었습니다.

재 : 그 후 협의상 김과는 이혼하고 의학강습대학 등에 입학하였다지?

강 : 네.

재 : 대정 14년(1925년) 봄에 경성에 와서 러시아어 강습회를 설립하고 여자청년동맹, 신간회, 근우회 등 단체에서 활동하였다지?

강 : 네. 그랬습니다.

재 : 사상 방면으로 많은 연구를 하였는가?

강 : 특별히 연구는 하지 않았으나 신문지상을 통하여 조선 정세를 알게

되고 사회사상운동 형편을 관찰하였습니다. (중략)

재 : 피고는 하필원이라는 남자와 연애 관계를 맺고 후일에 동거하였지?

강 : 네.

(중략)

재 : 피고는 소화 5년(1930년) 6월 초순에 공산주의 독서회를 조직하기

위하여 동덕 이화 중앙보육학교 학생 등을 모집하고 공산주의 ○○

○와 정치학 강의 등으로 공산주의를 연구하였지?

(이때에 방청 금지)[16]

강정희가 1년 6개월의 형을 언도받은 사유는 독서회 조직과 사
회과학 서적을 읽은 것, 이종림을 만난 것 등이었다. 문제는 재판장
의 물음에 답하고자 할 때 일반 방청이 금지되었다는 것이다.

이상과 같이 강아그니아는 재판장의 심문에 전부 범죄를 승인하였으나
독서회 조직 건에 이르러서는 자기로서 의견을 진술할 것 있다 하였으나
재판장은 일축하였다. 강아그니아에 대한 심문이 여기에 이르자 공안에
방해될 염려가 있다 하여 방청 금지를 재판장으로부터 선언하니 (…).[17]

치안유지법 위반이라면 당연히 국체를 변혁하고 사유재산제도
를 부인하는 것을 목적으로 하는 결사를 조직하는 행위에 대한 사

실 심리가 중심이어야 한다. 그런데도 2시간 동안의 심리 중 반 이상의 시간을 치안유지법 위반과 관련 없는 러시아에서의 결혼과 이혼 그리고 연애에만 치중해 질문했다. 강정희는 독서회 사건과 관련해 자신을 방어하고, 독서회의 목적에 대해서도 진술하겠다고 대답했다. 그러나 판사는 갑자기 '그만!'이라고 외치고 비공개를 선언하며 모든 방청객을 법정에서 쫓아냈다. 따라서 신문에는 독서회를 어떻게 조직했는지, 어떤 책을 읽었는지, 어떤 사람들을 만났는지, 어떤 사회를 실현하려 했는지 등의 대답은 보도되지 않았다.

일제 법정은 이들의 대답이 신문에 게재되길 원치 않았다. 경성지방법원은 강정희가 결혼해 자녀가 있고, 이혼한 '여자'임을 부각했다. 일제에 맞서는 페미니스트들이 현모양처가 아닌 연애만 하는 '여자'라고 왜곡해 공개적으로 망신을 주고 싶었던 것이다. 그이들이 어떤 활동을 했는지, 어떤 목적을 갖고 있는지는 중요하지 않았다. 뒷골목의 풍문처럼 거짓된 말이 재현되기만을 원했다. 페미니스트이자 사회주의자 여성에 대한 이미지화, 즉 '불행의 아이콘'은 일제 재판장에서 시작되었다. 즉, 불행의 아이콘이라는 이미지화는 현모양처에 반대하는, '여자답지 못한' 페미니스트들의 불행한 말로를 강조하기 위한 장치였다.

일제 법정의 의도적인 심리에도 불구하고, 이를 다른 각도에서 읽어내면 현실에 안주하지 않고 끊임없이 새로운 삶을 꾸려가려는 강정희의 모습을 확인할 수 있다. 강정희가 블라디보스토크로 이주한 것은 공부를 하기 위함이었다. 도쿄에서도 유학생들의 옷을 세탁하며 학비를 조달할 정도로 새로운 학문에 대한 열정이 상당했다. 강정희의 모험심, 용기, 열정은 낯선 환경에서 새로운 삶을 살아가는 원동력이었다. 강정희는 1년 6개월 선고를 받았다. 그이는 1932년 11월 7일 서대문형무소로부터 만기 출옥하여 안국동 송원여관에 투숙했다. 1936년에도 한 차례 검거되었다.

여급도 직업 부인인가

1930년대에 서울을 비롯한 도시에는 카페가 크게 늘었다. 새롭게 출현한 유흥 공간인 카페의 '여급'은 주목받는 근대적 접객 서비스 직이었다.[18] 당연하게 여급은 사회적 관심거리였다. 〈매일신보〉의 「직업 부인의 생활 이면」이라는 기획 기사, 〈동아일보〉의 「돈벌이 하는 여자 직업 탐방기」 등의 연재물, 〈조선일보〉의 「신여성의 행진곡」이라는 직업 탐방 기사에 여급이 직업 부인으로 소개되었다.

그런데 여급은 다른 직업과 다르게 "사회의 조직이 복잡해지고 경제적 분업이 발달됨에 따라 새롭게 여성들이 갖게 된 직업 가운데 하나"로 월정 수입은 정해진 것이 없이 오직 팁만으로 생활비를 모아 살아가며, "웃음을 팔며 애교를 팔아서라도" 손님의 호의를 사야만 했다.[19] 이러한 노동 조건으로 여급은 손님의 다양한 요구를 거부하기 힘든 구조 속에 놓여 있었다.[20] 영화배우였던 김정숙은 왜 여급이 되었는가라는 질문에 "뭇 사나이들을 상대로 하고 아양 떨어가며 술을 권하며 웃기 싫은 웃음을 웃게 되는 것이 무엇이 좋겠습니까"라며 "그때 형편으로 여급이라는 직업이 가장 손쉽게" 구할 수 있었기 때문이었다고 답했다.[21]

1930년대 들어 카페가 늘면서 여급에 종사하는 여성도 늘었기 때문에 이에 대한 논의가 사석에서나마 진행되었던 듯하다. 중앙여자청년동맹 그리고 근우회 활동을 했던 강정희도 이 문제를 동지들과 논의했을 것이다. "어느 날 몇몇 동무들의 조그만 모임 석상에서 여급도 과연 직업 부인일까 하는 논제가 제출된 일이 있었다. 그러나 결국은 어느 편이라고 결말을 맺지 못하고 헤어져버렸다." 강정희는 이날의 논의를 다시 되집고 결론을 맺고 싶었던 듯하다. 그이는 '여급도 직업 부인이다'라고 결론 내린다. "직업이란 사람이 그생활 자료를 획득하기 위하여 행하는 경제적 활동이다."라는 것에 동의하면서도 "직업은 신성하다."라는 명제에 반격을 가한다. 이는 위험한 생각이라는 것이다. 그러면서 강정희는 여급은 신성하지 않다는 여론을 강하게 비판한다.

'신성이란 대체 무엇이냐' 하고 나는 묻고 싶다.

같은 서양 사람으로 '재산은 ○○물이다'라고 하고 있으며 '자본가는 잉여가치의 약탈자다'라고 하고 있지 않은가? 그럼 그 같은 의미에서 자본가나 재산가의 직업은 과연 그 얼마나 소위 신성할 것인가. 그럼으로 특히 여급의 직업을 가지고 직업 이외에 둔다는 쁘띠부르주아적 망상에 대하여 나는 절대로 반대한다.

그들은 생각건대 현금 세상에서 말하고 있는 만연한 악매(惡罵)—여급에 대한—를 거진 무비판적으로 신용하는 까닭이다. (…) 여하튼 여급은 직업 부인이다. 더욱 이 사람들의 만연한 몰이해에 기인한 오류를 받고 있는 괴로운 직업이다.[22]

이러한 직업의식은 강정희로 하여금 새로운 직업 찾기에도 긍정적으로 다가왔다. 러시아에서 간호사 자격증을 얻기 위해 의학강습소에 다녔고, 조선에 와서는 러시아어 강습을 했고, 도쿄에서는 유학생들의 빨래를 하며 공부했다. 또 경제적 독립을 위해 자동차 운전수가 되려고 중앙자동차연구소에 입학했다. 강정희는 경제적 독립을 외쳤던 정종명(산파) 또는 정칠성(편물 기술) 등의 선배들과 비슷한 생각을 가지고 있었다. "여성이 직업을 가지는 것과 남성이 직업을 가지는 데 한 가지 다른 점이 있으니 남성은 그 직업에 일평생을 바쳐서 거기에서 자기의 생애에 움직이기 어려운 근거를 얻으려 한다. 그러나 여성의 그것은 일평생을 가는 데에 역려과객(逆旅過客)처럼 몸을 잠깐 머물려는 것이 잠시간 소위 직업 부인이 되는 것이다."[23]라는 당대의 평가와는 다르게 살고자 했다. 이들의 경제적 독립은 일시적인 것이 아닌 생활과 여성운동을 위해 평생 필요했다.

강
정
희

해방과 번역가로 활동

강정희의 이름이 다시 신문에 난 때는 1945년 9월이다. 이달 1일 휘문중학교 강당에서 열린 '경성시민대회'에서 선출된 조선건국준비위원회 경성지회 상임위원회에서는 조선인민공화국 경성시 인민위원을 선출했고, 12일에 안국동의 덕성실업학교 강당에서 제1회 인민위원회를 열기로 결정했다. 강정희는 경성시 인민위원 중 한 명이었다.[24]

전국부녀단체대표자대회에서 강정희는 조선부녀총동맹(부총)의 중앙집행위원으로 선출되었지만 곧장 평양으로 간 듯하다. 평양에서 그이는 조소문화협회(朝蘇文化協會)의 번역가로 활동했다. 조소문화협회는 1945년 11월에 창립되었다. 협회가 주축이 되어 추진한 사업은 크게 '지도기관 선거 사업', '조선과 소련 간 친선과 소비에트 문화 순간 사업', '강연 강좌 및 좌담회 사업', '전람회 사업', '출판·번역 사업', '러시아어 강습 사업', '조·소반 운영', '써클 양성' 등으로 분류할 수 있다.[25] 이 중에서도 출판·번역 사업은 특히 중요했다. 문화 번역은 '조·소 간의 친선 도모'라는 슬로건 아래 조소문화협회를 주축으로 상당히 적극적이고 열성적으로 행해졌다.[26] 조소문화협회는 '예술, 정치, 사회, 과학 작품을 번역·출판하는 임무'를 맡았다. 이에 협회는 소련에 대한 기초적 정보를 담은 도서를 비롯하여 소련의 사회주의 이론, 경제, 농업, 산업, 문학·예술, 자연과

강정희가 번역한
막심 고리키의『어머니』표지

학·기술과 관련한 많은 도서들을 조소문고나 소련문학선집 등의
시리즈로 묶어 번역·출판했다.[27]

　강정희는 조소문화협회 중앙본부에서 활동했으며 여성과 관
련한 책을 번역했다. 그이는 1947년에 조소문고 제27집『쏘련의
조국전쟁에 있어서의 쏘베트 처녀들』과 위대한 사회주의 10월혁명
30주년 기념 출판『그 여자의 길』을, 1948년에『구라파 기행』과
조소문고 제38집『팟시즘과 투쟁하는 여성들』을, 1950년에 막심
고리키의『어머니』등을 번역했다. 강정희는『구라파 기행』서평

에 "기발한 안광과 위대한 시야, 서구 생활에 대한 백과사전적 박식과 예리한 비판과 독특하고 자유분방한 표현으로서 문학을 말하는가 하면 고대 건축과 미술을 말하고 역사를 말하는가 하면 생활 풍속을 말하고 파쇼 및 그 주구들을 말하는가 하면 애국자 빨치산들의 무용을 이야기한다."라고 그 의미를 밝혔다. 그리고 조소문고 제38집으로 번역한 국제민주여성동맹 부위원장 니나 포포바(Nina Popova)가 쓴 『팟시즘과 투쟁하는 여성들』에는 다음과 같은 역자 서평을 「머리말」에 남겼다.

각 나라의 여성들이 이 역사적인 대회에 참가하여 보고하는 것을 보아도 잘 알 수 있거니와 진리를 사랑하는 여성들은 국경을 넘어 한자리에 모여 튼튼한 동맹을 이루었다. 세계에서 오랜 문화를 자랑하는 불란서에서도 아직 남녀평등을 실시 못 하였다. 그들은 그것을 쟁취하기 위하여 얼마나 투쟁하였던가. 쏘베트(소비에트)를 위시하여 이태리, 파란(네덜란드), 중국…… 심지어 뚜니쓰(튀니스)의 여성까지 이 대회에 참가하게 되었다. 우리 북조선의 여성들은 여성으로서의 튼튼한 자리를 이루었으며 이 힘이야말로 남조선에서 투쟁하는 여성들에게 큰 의지할 바가 되는 것이다.

1905	· 러시아 출생
1922	· 러시아 치타에서 고등여학교 졸업 및 결혼
1923	· 블라디보스토크로 이동, 간호사 과정 입학
1924	· 이혼
1925	· 9월 귀국, 북풍회, 경성여자청년회 가입 · 10월 경성청년회 주최 노어연구반 강의
1926	· 4~5월, 전라남도와 경상남도 지역 순회 강연 · 제2차 조선공산당 검거 사건에 연루되어 검속되었으나 석방
1927	· 4월 중앙여자청년동맹 집행위원 · 5월 근우회 창립대회 집행위원, 사찰 · 5월 조선사회단체중앙협의회 창립대회 임시집행부 선출 · 6월 조선청년총동맹 집행위원
1928	· 7월 근우회 중앙집행위원 · 12월 일본동경외국어학교 영어과 입학
1930	· 5월 학생독서회 조직 · 8월 체포
1932	· 3월 경성지법에서 징역 1년 6개월 선고
1945	· 조선부녀단체대표자대회 소집준비위원회 준비위원 · 12월 조선부녀총동맹 중앙집행위원
1946	· 조소문화협회 번역 활동

강정희

5

이경희

나는 여성운동에 취미를 가지고 있다

李璚姬, 1907~?

이경희와 권태휘가 만든 가정 1
―'주의에 공명하며'

이경희는 자신의 결혼 생활에 대해 "우리는 서로 주의(主義)에 공명
(共鳴)하여 결합된 만큼 우리의 결혼은 퍽 기쁜 결혼이었습니다. 그
결혼은 오늘날까지 우리들 생활에 여간 좋은 영향을 끼치는 것이
아닙니다. 그래서 조금도 불화한 날이 없습니다."라고 밝혔다.

남편 권태휘는 1897년생으로 평택에서 태어났다. 본명은 권익
수다. 1919년 권태휘는 경성의학전문학교 1학년 학생으로 만세시
위를 했고, 이 때문에 태형 처분을 받았다. 1920년 7월에는 제령 위
반죄로 징역 10개월 형을 받고 1921년 5월에 출옥했는데, 이 일로
경성의학전문학교에서 퇴학당했다. 1921년 9월 3일 '일본 국기를
달지 말지어다. 봉축을 하지 말지어다'라는 내용의 인쇄물을 만들

어 상점에 배부한 사실이 발각되어 검사국에 압송되었다.[1] 이경희와의 결혼이 초혼은 아니었다. 권태휘는 신문 조서에서 "아내는 1919년 조선독립운동을 위해 징역 2년 2개월 처분을 받았고 평양 감옥에 복역 중 1920년 11월 병사했다."라고 밝혔다.[2] 이런 슬픔을 겪은 권태휘는 이경희와 동지적 관계를 유지하고 주의에 공명하며 새로운 방식의 가족과 가정을 꾸려 나갔다.

이경희

이경희는 근우회 경성지회 상무집행위원이었는데 그이의 결혼 생활은 여성운동 선구자의 모범 사례로 소개되었다. 이들 부부가 생각하는 건강과 취미는 남달랐다. 이경희는 각기 환경이 다르므로 부부의 건강에 대해서는 별다른 의견이나 규칙을 말하지 않겠다고 하면서도, 부부 각자가 건강에 들이는 노력을 소개했다.

남편 자신이 자기에 건강을 위하여 무한이 노력하고 실행합니다. 그러므로 12년 동안을 하루도 빠지지 않고 새벽이면 반드시 냉수마찰을 하였으며 더욱 철창 생활 할 때에도 계속한 까닭에 무한히 건강하였다 합니다. 그리고 나하고 결혼한 후에도 계속하다가 금년 5월에 즉 삼청동으로 이사한 이후부터는 매일 5시면 일어나서 북악산에 올라가서 약물로 냉수목욕을 하고 나서는 반드시 5분간 호흡 운동과 10분간 전체 운동을 하고

이경희의 남편 권태휘

내려오다가 약수를 한 바가지 마시고 나면 정신이 상쾌하고 몸이 거뜬하여진다 합니다.
또 그뿐 아니라 물도 긷고 장작도 간혹 팹니다.
이 조그만 일이 퍽이나 몸에 이로워서 한 번도 앓아본 (일)이 없다 합니다.
그리고 나로서는 특별하게 건강을 위하여서는 노력하는 것이 없습니다. 그러나 우리의 생활은 무산자에 생활인 까닭에 특별히 일 보는 사람을 두지 못하고 모든 것을 손수하게 됩니다.
그러한 관계로 자연히 몸이 튼튼하여집니다.[3]

남편은 냉수마찰, 장작 패기, 물 긷기 등으로 건강에 상당한 노력을 하지만 자신은 특별한 신경을 쓰지 않았다. 부부 상호 간에 독자성을 인정했는데 이는 '주의에의 공명'에 근거를 두었다. 이러한 가족 관계에 대한 그녀의 인식은 해방 후 이혼 급증의 원인 분석에도 남다른 견해를 제출했다. "첫째 8·15 이전 일본제국주의 밑에서의 징용 징병 문제 때문에 생긴 강제적 혼인이 많았다는 것이 한 원인이고, 또한 8·15 직후 서울 장안만을 보더라도 수많은 좋지 못한 오락 기관이 많이 생긴 동시에 폭등된 물가로 말미암아 경제적 곤란을 구실로 이러한 좋지 못한 뜻으로 뛰어들어 타락되어버려서 생긴 불상사가 또 하나의 원인"이며, "또 한 가지는 두 사람의 주의 주장이 맞지 않아서 의식적으로 정반대의 길을" 걸을 때 이혼 문제가 발생한다고 보았다.[4] 그녀는 이혼의 원인으로 징용과 징병 때문에 생긴 강제 혼인, 오락 기관의 급증과 물가 폭등, 어긋난 주의 주장 등으로 파악한 것이다. 동전의 앞뒷면처럼 이혼의 원인은 결혼의 조건 혹은 유지와 맞닿아 있다. 즉 그이가 결혼 유지 조건으로 중요하게 간주한 것은 주의에의 공명, 경제적 문제, 사회적 규제 반대 등이었다. 결혼 생활에서 중요하게 생각한 것이 사회 제도의 규제가 아닌 자유와 상호 간 가치, 사상의 결합이라고 판단했다. 권태휘와 이룬 가정이 이러한 기준에 근거했으리라.

이경희와 권태휘가 만든 가정 2
- '투사로 만듭니다'

가정 문제에 관련해서 그녀가 강한 어조로 말한 부분은 육아 및 자녀 교육이다. 이경희는 1928년 10월 초에 딸을 낳았다. 그녀는 출산한 뒤 아이의 영양과 건강에 상당한 노력을 기울였다. 규칙적으로 젖을 먹이고 하루에 한 번씩 온수 목욕을 시켰다.

자녀 교육에 있어서는 학교 교육과 가정교육이 있다고 생각합니다만은 조선 사람의 처지와 특히 우리의 입장을 떠나서 생각할 수는 없습니다. 그

이
경
희

러한 관계로 보아서 관·사립학교를 물론하고 현 대학교 교육만으로써는 완전한 인격자를 만들어내이기가 어려울 것 같습니다.

그럼으로 현 대학교 교육보다 더 필요한 가정교육에 치중하여야만 반드시 완전한 인격자를 만들 수가 있습니다. 그러한 까닭에 나로서는 반드시 가정교육에 치중하여 어려서부터 발육하는 데 따라서 무엇이든지 사회생활에 적용되는 교육으로 한 큰 투사를 만들 생각입니다.[5]

그이는 공교육은 조선 사람의 처지와 입장에서 판단할 때, 관·사립학교를 포함해 대학교 교육으로도 완전한 인격자를 만들기 어렵다고 판단했다. 따라서 가정교육이 중요하다는 점을 강조했다. 즉 그녀는 가정교육의 중요성을 강조하며 자녀를 '투사'로 만들겠다는 포부를 밝혔다. 이경희는 숙명여자고등보통학교를, 권태휘는 비록 퇴학 처분을 받았지만 경성의학전문학교를 다녔던 지식인으로 이들 부부는 일제의 중등교육과 고등교육을 경험했다. 그렇기 때문에 공교육에 대한 불신을 과감하게 표시하고 가정교육에 치중하겠다고 대담하게 포부를 밝혔던 것이다. 이는 이들의 과거와 현재 그리고 미래를 향한 삶이 비슷했기 때문이리라.

이들 부부는 둘 다 청년운동뿐만 아니라 사회운동 그리고 독립운동을 했다. 권태휘는 재경사회운동자간친회, 혁청단, 한양청년연맹, 무산청년동맹, 정우회, 신간회 등의 결성에 관여했다. 권태휘는 출판 사업을 위해 1920년대에 노농대중사를, 1930년대에 신조선사를 설립했다. 신조선사는 1938년 10월에 정약용의『여유당전서』 76책을 간행했다. 이 일에 대해 신문에서도 "여유당 정다산 전집은 저자 자신이 그 시대에 있어서 이단시되어 정치적으로 불우한 자리에 있었던 관계로 원고가 산지사방되어 정리하기가 곤란할 뿐 아니라 굉장히 양이 많았으므로 이 전집을 간행한다는 것은 여간 곤란한 일이 아님에도 불구하고 지금으로 4년 전 소화 9년(1934년) 9월 15일부터 신조선사 권태휘 씨에 의하여 간행에 착한 것이 금 10월 15일에야 전집 76책 전부가 완료되었다."[6]라며 의미를 두었다. 신조선사는『신조선』을 속간하고『정다산 전서』,『담헌서』등을 출간했는데, 특히 5년여 기간을 거쳐 간행된『여유당전서』는 '조선 출판계의 금자탑을 쌓았다'라는 평을 받을 만큼 주목을 받았다.

권태휘는 또한 해방 후에 건국준비위원회와 인민위원회, 민전 등에서 활동했다. "그는 평택의 대표적 독립운동가일 뿐만 아니라 우리 민족의 대표적 독립운동가"였으며, "1920년대 공창폐지운동을 벌이고, 형평운동을 지원하고, 노동운동을 하였다는 점에서 여권신장운동과 사회운동의 선구자"이자 "해방 이후 신국가 건설을 위해 활동하였던 정치인"이었다.[7]

이들 부부는 경제적으로 여유롭지는 않았던 것 같다. 이경희가 1929년 근우회 경성지회 유급 상무를 한 것은 아마도 그 때문이리라. 그래도 이경희와 권태휘는 서로의 '주의에 공명'하며 즐겁게 지냈다.

이
경
희

여성운동이 취미

누구를 물론하고 취미가 없이는 하루라도 살 재미가 없을 것입니다. (…)
나는 여성운동에 큰 취미를 가지고 있습니다.[8]

이경희는 남편의 취미를 책과 신문 읽기라며 자신은 여성운동
에 큰 취미를 가지고 있다고 소개했다. 1907년 강원도 철원에서 태
어난 이경희의 개인 이력에 대해 같은 기사에서 1926년 경성여자
청년회에서 활동했고, 1927년 숙명여자고등보통학교를 졸업했으
며, 무산 아동을 가르치는 보화여학원과 반도여자학원에서 교사 생
활을 했다고 기록하고 있다.

이경희는 근우회 활동 이전 토론회에 자주 모습을 보였다. 아직
학생이었을 때였다.

여자기독청년회에서는 금야 8시부터 중앙기독교청년회관에서 토론회를
개최한다는데 입장료는 평균 20전이요 토론 문제와 변사의 씨명은 여좌
하다고
문제 : 사회의 원동력은 돈이냐 사랑이냐
변사 : [돈 편] 이경희 양·한신광 양·차사백 양, [사랑 편] 황숙영 양·김
　　선 여사·윤귀연 양[9]

1924년 10월에 여자기독청년회에서 '사랑의 원동력은 돈이냐, 사랑이냐'라는 주제로 토론회가 열렸는데 여기서 이경희는 사랑의 원동력이 '돈'이라는 편에 섰다. 1925년에도 조선여자기독청년회가 주최한 토론에 참여했다. 이날 토론회 주제는 '여자해방의 요도(要道)는 교육이냐, 경제냐?'였는데, 이경희는 '경제'임을 강조하는 편에 서서 토론했다. '교육'이라는 편에 선 김필례가 단상에 올라 교육의 필요를 강조하자 곧이어서 이경희가 '여자의 경제적 독립을 해방할 것'이라는 변론으로 반박했다.[10]

김필례는 1891년생으로 조선여자기독교청년회 창설을 주도했다. 이경희는 1925년까지 여자기독교청년회에서, 1926년부터 경성여자청년회에서 활동했다. 1926년 1월 4일 경성여자청년회는 신춘 대강연회 개최와 청년회 확장 문제를 토의했다. 이 회의에서 이경희가 최순복, 이경길 등과 함께 집행위원으로 증선되었다. 경성여자청년회는 1925년 2월 21일 창립총회를 가졌고 임시회장은 박원희, 집행위원으로는 김수준·박원희·이정숙 등이 있었다. 이경희는 1926년 경성여자청년회에서 활동하면서 권태휘를 만났고, 1927년에 숙명여자고등보통학교를 졸업한 뒤 권태휘와 결혼한 듯하다. 그리고 보화여학원, 반도여자학원에서 교사 일을 했다.

보화여학원은 가회동 170번지에 있었는데 1926년 말에 "무산여자와 가정 부인을 교양하기 위하여 보통학교 6년 제도를 4년 전부터 시설하여 많은 학생을 교수"했으며 야간 학생에게는 수업료도

받지 않았고, 모집 인원과 교실도 확장했다.[11] 봉익동에 있던 반도 여자학원은 계동 대종교당 안으로 이전하고 학급과 학과를 확장하여 중등과 초등 이외에 고등과 미술전문부를 증설하고 특별히 무산 가정의 부인과 아이를 위해 수업료를 면제했다.[12]

근우회 경성지회 일꾼

이경희는 임신과 함께 교사 일을 그만두고 근우회에 들어갔다. 근우회 활동에서 이경희의 이름이 등장한 때는 '고박원희동지 각사회단체연합장의위원회' 준비위원 장의부(1928년 1월 8일)에서였다. '전조선여학교연합 바자대회'의 근우회 찻집에서 이경희는 조원숙, 심은숙과 함께 서빙을 맡았다. 이경희는 1907년생으로 철원 출생, 조원숙은 1906년생으로 양양 출생, 심은숙은 1906년생으로 화천 출생이다. 이들 3인은 근우회 활동 때 모두 20대 초반, 강원도 출신이었던만큼 마음이 맞고 잘 어울렸던 것으로 보인다.

이경희는 임신 중에도 근우회 경성지회 발기와 창립 그리고 활동으로 두각을 드러냈다. 이경희를 포함해 30인의 발기인이 모였는데 근우회 경성지회 발기총회는 1928년 2월 20일 오후 7시 근우회관에서 개최되었다. '근우회 경성지회 설치대회'는 3월 31일 밤 7시 반에 경운동 천도교백년기념관에서 열렸다. 100여 명 회원이 참석

했으며 방청객도 물밀듯이 몰려와 기념관을 가득 채웠다. 안건은
'회원 교양, 문맹 퇴치, 선전 조직, 조사 연구, 회원 친목, 여자 교육
기회 균등, 여권 옹호, 아동 보호, 공창 폐지, 부인 직업소개소 설치,
재경 여성단체 제휴, 신간회 지지, 경비, 회관' 등이었다.[13]

의안 통과 진행 과정에서 문맹 퇴치와 여자 교육 기회 균등 문제
는 경찰의 금지로 토의하지 못했다. 다른 의안은 모두 통과시키고
아래와 같이 집행위원을 뽑았다.

집행위원장 김선, 서무부 강석자(상무)·심은숙·이경희, 재무부 조원숙
(상무)·안은영·황찬욱, 교양부 한신광(상무)·허정숙·김숙, 선전부 강정
희(상무)·문인순·신정균, 조사부 지경순(상무)·김영희, 학생부 김필수
(상무)·김경숙[14]

이경희는 전국대회에 출석할 대의원이자 집행위원으로 서무부
를 맡았다. 근우회 중앙집행위원회는 전국대표자대회를 개최하기
로 결정했고, 전국대회 준비위원회를 꾸렸다. 21인의 준비위원 중
이경희는 조원숙, 심은숙, 강정희, 황찬희, 최은희와 함께 근우회 창
립 기념준비위원으로 활동했다. 이들은 모두 20대였다. 이경희는
1928년 4월에 임신 초기였지만 근우회에서 열정적으로 활동했다.
그리고 7월 30일에 열린 근우회 경성지회 정기집행위원회에서도
이경희는 서무부 일을 그만두지 않았다.

1929년에 이경희는 우봉운과 함께 경성지회 유급 상무가 되었다. 이경희가 준비위원이었던 경성지회 제2회 정기대회는 3월 23일 경운동 천도교백년기념관에서 열렸고, 100여 회원의 참가와 수백여 명이 방청하는 가운데 진행되었다. 이경희는 전형위원이자 집행위원으로 선정되었다. 경성지회는 원유회, 밤줍기 대회, 강연회, 음악회 등을 개최했다. 1930년 1월 7일부터는 부인 직업소개소를 개설했다.

경성지회 제3회 정기대회에서 이경희는 서기로 선출되었다. 여러 단체로부터 온 축전과 축문을 서기 이경희가 하나씩 낭독했다. 이경희는 또다시 집행위원으로 선출되었고 조사부를 맡았다. 그리고 직업소개소를 확대하기 위해 이경희와 정종희가 상무로 선출되었다. 근우회 본부 중앙상무집행위원회는 1930년 5월 21일 창립 3주년 기념강연을 개최하기로 결정했다. 강연 주제와 강사는 아래와 같이 결정했다.

습관의 형성(서춘), 여성운동의 사회학적 고찰(최윤정), 조선 여성은 무엇을 할까(김정원), 3주년 기념을 마지하면서(정정옥), 부인과 사회(강정임), 조선 여성의 당면 임무(김순희), 우리는 어떻게(이경희)[15]

1930년 근우회 본부에서는 전국대회 준비위원으로 이경희를 선정했다. 그리고 서면대회 준비위원을 맡았다. 이경희는 1회 전국대회 준비위원(1928년 4월 20일), 2회 전국대회 준비위원(1929년 7월 3일)과 집행위원(1929년 7월 29일), 3회 전국대회 준비위원(1930년 4월 17일) 등 근우회 중진으로 3년 동안 큰 역할을 맡았다.

여성해방이란

해방공간 여성 활동가들은 적극적으로 단체를 만들고 목소리를 냈다. 이들의 목소리는 단체 조직과 활동, 좌담회, 강연회, 대담, 여성을 독자로 하는 신문이나 잡지의 발간 등 광범위하고 다양했다.

여성해방이란 용어는 일상생활에서 자연스럽게 사용됐다. 해방공간 여성들의 요구가 반영된 단어이자 유행했던 단어가 '남녀평등', '여성해방'이었다. 그러나 이 용어의 용례와 뜻은 정치적 입장에 따라 규정과 방법이 달랐고, 그 내용도 다양했다. 해방공간 이경희가 쓴 글로는 『혁명』이라는 잡지에 실린 「여성해방에 대하여」가 있는데, 이 글은 해방공간 조선부녀총동맹(부총)의 여성해방에 대한 인식과 결을 같이한다.

우리 조선 여성이 삼천만의 절반인 천오백만이란 것을 상기할 때 우리 조선의 완전 해방은 여자의 완전 해방이 없이는 절대 불가능한 일일 것이다. (…) 우리의 힘으로 우리의 손으로 천오백만 여성의 완전 해방을 위하

이
경
희

여 싸우지 않으면 안 될 것이다.

우리 여성의 무기인 단결로서 일본제국주의의 잔재를 소(消)하고 잔악한 관습과 봉건적 전통과 모든 굴욕적 오점을 우리 생활상에서 과감히 숙정하지 않으면 안 될 것이다. (…) 일국의 문화와 사회 진전에 있어 그 나라 여성의 활약 여하가 오직 그 나라의 문화와 사회 진전을 좌우할 것이다. 조선이 완전한 해방이 되고 완전의 자유로운 독립 국가를 건설하는 데 여성의 역할 역시 중대시 않을 수 없으리라.[16]

이경희는 먼저 해방은 여성해방 없이는 불가능하다고 단언한다. 그리고 여성해방은 다른 이들의 도움이 아닌 여성 스스로 일어서서 행해야 하는 것이다. 즉 능동적 여성이 되어야 함을 강조했다. 이렇게 활동하는 여성의 힘은 국가의 문화와 사회 진전 그리고 독립국가를 건설하는 데에도 중요하다는 것이다. 단결된 여성의 적극적 참여가 모든 부분에서 여성해방을 가져올 것이라고 전망한다. 그렇다면 어떻게 여성해방을 이룰 것인가. 이경희는 이렇게 강조했다.

구미 제국에 있어 여자의 사회적 정치적 지위와 역할을 우리는 보았다. 그러나 우리는 구미의 제도와 그대로를 본뜨자는 것은 아니다. 어디까지든지 우리 조선과 민족을 중심으로 거기에 입각한 여성운동이 되어야 할 것이며 또 되지 않으면 안 될 것이다.

그리고 여성해방에 있어 여성의 경제적 자주성이 없이는 완전한 여성의 해방은 사실상 무의미한 일이 될 것이다. 즉 남녀 임금균등제도와 여성으로서의 생활 확립은 그의 근본 과제이다. 이상과 같이 우리 조선의 여성계 역시 역사적 혁명적 현실에 비추어 여성 참정권도 완전한 조선의 해방과 독립이 실현된 때 해결될 문제라고 생각한다.

여성해방을 위해 이경희는 경제적 독립 또는 자주성을 주장한다. '가정에서 가두로'라는 구호를 외치며 여성의 경제활동이 사회적 지위와 지적 수준을 향상시키는 방법이며, 경제권을 확립해야 남녀평등과 남녀동권을 부르짖을 수 있는 기반이라는 것이다. 이경희도 부총의 이론가들이 그랬던 것처럼 경제적 독립과 함께 사회적 기반을 갖추어야 가능하다는 점을 강조했다.

이러한 생각을 한 이경희는 부총과 남조선민주여성동맹(여맹)에서 다시 활동을 이어갔다. 이경희는 부총 조직부원이자 서울시 지부 조직부장을 맡았다. 중앙 조직부장은 조원숙이었으므로 그이와 함께 일했다. 여맹에서도 이 임무는 이어졌다. 1946년 1월 10일 부총 강연회에서 이경희는 유영준, 정칠성, 허하백, 박진홍, 이경선, 이계순 등과 함께 강연을 했다.

여성운동이 취미라던 이경희는 일제강점기에도, 해방 이후에도 '취미 생활'을 이어갔던 것이다.

이
경
희

1907	· 강원도 철원 출생
1926	· 경성여자청년회 활동
1927	· 숙명여자고등보통학교 졸업 · 보화여학원, 반도여자학원 교사
1928	· 근우회 경성지회 집행위원, 제1회 전국대회 준비위원
1929	· 근우회 경성지회 집행위원, 근우회 제2회 전국대회 준비위원, 중앙청년동맹 북구지부 위원
1930	· 근우회 경성지회 집행위원, 근우회 제3회 전국대회 준비위원
1945	· 조선부녀단체대표자대회 소집준비위원회 준비위원 · 12월 조선부녀총동맹 중앙집행위원, 조직부, 서울지부 조직부장
1946	· 부총 중앙집행위원, 서울지부 조직부장
1947	· 여맹 중앙집행위원

나는 여성운동에 취미를 가지고 있다

◇

이계순

6

부녀 대중의 완전한 해방 없이는

참된 민주주의 건설 없다

李桂順, 1910~?

『자본론』을 보내주시오

의외에 ××씨에 편지를 받고 얼마나 반가웠는지 단조롭고 변화 없는 이 생활에 그 기쁨이 얼마나 컸던가를 상상해주십시오. (…) 나는 아직까지는 퍽 건강합니다. 염려하여주신 덕택인가 합니다.

××씨여 고마우신 '호의를 받아들여' 다음 몇 가지를 부탁하오니 형편 닿는 대로 보내주시오면 감사하겠습니다.

1. 『자본론』 개조사판

1. 『기독교의 본질』 상·하

1. 『사회진화론』

1. 『예술론』(저자를 잊었습니다)

1. 『조선 역사』

1. 『한글 강좌』

서적에 제한이 심한 것 같으니 통과될까 의문이나 이 외에 적당한 문학 서류 몇 권과 일본 에스페란토학회(東京市 牛込區 新小川町)에 보통회원으로 입회를 시켜주십시오. 회비 1년분 2원 50전을 보내면 됩니다. 그 회에 기관 잡지를 보고자 그럽니다. 이것만은 잊지 말고 꼭 하여주시고 그러고 될 수 있으면 담요를 하나 넣어주셨으면 합니다. 너무도 많은 청을 하여 놀라시겠습니다.

구할 수 있는 대로 몇 권씩 차입해주십시오. 밖에서 상상하느니보다도 마음이 퍽 안정되어 공부는 많이 잘됩니다. 앞날이 아득하기는 합니다만…. 늘— 안녕하시기를 바라며 난필로 이만 그칩니다. 어성정(御成町, 현 남대문로5가) 6 강 씨에게 대단 고맙다고 전해주시오.

이 편지를 보낸 사람은 이계순이다. 치안유지법과 출판법 위반으로 서대문형무소에 있을 때 지인에게 보낸 것이다. 편지를 소개하기 전에 『여인』 편집부는 "제2차 공작위원회 사건으로 1932년 2월 중순경에 종로경찰서에 피검되어 지금 서대문형무소에 지리한 예심에 회부되어 닥쳐올 그의 흑백의 운명을 머리에 어렴풋이 점치면서 있는 이계순. 이 세상에 있을 때에 첨단을 걷는 여인 중의 하나로서 냉정한 성격과 새침한 몸가짐으로써 많은 사람들 입질에 오르내리며 게다가 미모의 소유자로서 가끔 가다가 엉터리 없는 연문도 터트리며 다니던 그가 수감이 되자마자 그의 친우가 보낸 제일신(第一信)을 받고 가지가지 부탁한 그 편지를 읽을 때 그의

이
계
순

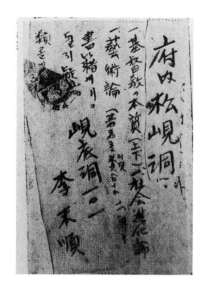

이계순의 편지

세상에 있을 때의 전모가 목전에 의의하여 마지않는다." 라고 소개했다.[1]

이계순은 담요를 보내달라는 것 외에 다른 생활필수품은 요청하지 않았다. 다만 형무소에서 마음이 안정되어 책이 잘 읽힌다며 『자본론』 『기독교의 본질』 『사회진화론』 『예술론』 『조선 역사』 『한글 강좌』 등을 넣어달라고 부탁했다. 요구한 책 목록은 경제, 사회, 종교, 과학, 예술, 역사, 언어 등 분야가 다양한데 그녀의 지적 호기심이 풍부하고 폭넓다는 사실을 알 수 있다. 그리고 일본 에스페란토학회에서 발간하는 잡지를 보고 싶다며 회원 등록을 요청했다.

에스페란토(Esperanto)는 1887년 러시아령 폴란드인 자멘호프(Zamenhof)가 창안한 인공어다. 1905년 프랑스에서 제1차 '세계 에스페란토 대회'가 열렸는데 평화주의자, 사회주의자, 아나키스트들이 참여했다.[2] 일본 에스페란토학회는 기관지 『동양평론』을 발간했다. 고도쿠 슈스이(幸德秋水), 오스키 사카에(大杉榮) 등의 사회주의 운

일제강점기와 해방 때 신문에 실린
『자본론』 광고

동가들과 연관되어 있었고, 〈도쿄신문〉은 일본 에스페란토학회가
에스페란토 문화운동이라는 미명 하에 정치적으로 위험한 사상을
전파하고 있다고 지적했다.[3] 『동양평론』은 1926년에 '일본인들에
대한 조선인들의 의심과 적대감'이라는 민감한 주제를 노골적으로
다룬 글을 게재했다. 저자인 키요미 로쿠로(淸見陸郎)는 '어떤 민족어
를 자신의 언어, 역사와 전통을 가지고 있는 어떤 다른 민족이나 종
족에게 강요하는 것은 그 자체로 부자연스러운 것'이라고 경고했

이
계
순

다.[4] 아마도 이계순은 『동양평론』에 게재된 다양한 사상과 이론을 접하고 싶었던 듯하다.

편지와 관련해 이계순에게 또 다른 일화가 있다. 서대문형무소에 있을 때 이계순은 어머니에게 편지를 했다. 자기는 서울 현저동 101번지 제사(製絲)공장에서 일하고 있으니 안심하라는 내용이었다. 편지를 받은 어머니는 딸을 만나러 찾아갔다. 그런데 이 주소로는 제사공장을 찾을 수 없어서 교남동 파출소에 가서 딸이 보낸 편지 겉봉을 보여주었다. 겉봉의 주소는 제사공장이 아니라 서대문형무소였다.[5] 참으로 가슴 아픔 사연이다. 어머니를 안심시키려고 편지했는데 그것도 모르고 딸을 찾아 서울로 와서 사실을 알아버린 그 절망감이 어떻겠는가.

여자고등보통학교 학생들의 책 읽기

이계순의 본명은 이말순이다. 본명 고사찰보다 명자로 더 알려진 고명자처럼 이계순도 말순이라는 이름보다 계순으로 알려져 있다. 이계순은 1909년 또는 1910년에 대구에서 출생했다. 치안유지법으로 잡혔을 때 〈동아일보〉와 〈조선일보〉에 그이의 이력이 짧게 소개되었다.

이번 사건의 연좌한 여자 중의 이말순은 일직이 사범학교 여자 연습과를 졸업하고 경상남도 부산 등지로 공립보통학교 훈도를 5년간이나 계속하였는데 이 동안에 사회주의에 대한 연구를 쌓아가지고 경성에 올라와 (…).[6]

대구사범학교를 졸업하고 1년 동안 모 보통학교 훈도로 있은 일도 있으며 부인 잡지 기자로도 있었고 (…).[7]

위의 기사에 따르면 이계순은 대구사범학교 강습과를 졸업했다. 대구사범학교는 1923년 4월 1일에 경상북도 공립사범학교를 대구에 설치, 특과와 강습과가 개설되면서 시작되었다. 그리고 1928년에 남자 강습과는 폐지되고 여자 강습과가 생겼다. "여자 강습과는 신학기부터 부활키로 되어 30명의 강습과생을 모집"했다. 입학 자격 조건은 "여고보 4년 수학 이상 정도"로, 강습과를 졸업하면 "제2종 교원으로 채용"될 수 있었다.[8]

이계순은 여자고등보통학교를 졸업하고 1928년 대구사범학교 강습과에 입학해 1929년에 졸업한 듯하다. 졸업을 하고 1년 정도 초등학교에서 교사로 있었고, 1930년부터 근우회 활동을 했다. 이계순의 책 읽기는 여자고등보통학교를 다닐 때부터 시작된 듯하다. 1920년대 고등보통학교에는 다양한 독서회 모임이 있었다. 그리고 1920년대 후반 독서회 회원들이 읽었던 인문·사회과학 서적은 주

로 사회주의 관련 분야였다. 정종명과 황신덕은 여성운동을 하려는
여학생들에게 읽어야 할 책을 이렇게 제시했다.

여성으로 말하면 현재 고등여학교 정도의 신여성을 어떻게든지 교련하
여야 하겠습니다. 그분들을 학교 교육에만 맡기어둔다는 것은 대단히 한
심한 일인데 우리들은 우선 각 학교 당국자에게 생도의 교내의 자치를
허하도록 하여줄 것을 요구하겠습니다. (…) 역사의 필연성을 각득케 하
는 사회과학을 충분히 주어야 하겠습니다. 또 지금 조선에는 여성단체가
60여 개소 그 회원 수가 2000여 명에 달하는바 미조직 여성을 단체 속
에 끌어 넣어 훈련을 하루바삐 시켜야 할 줄 압니다.[9]

황신덕이 소개한 책은 『진화론』, 『사회진화와 부인의 지위』(야마
카와 키쿠에(山川菊榮) 번역), 『프롤레타리아 경제학』, 『자본주의의 계
략』, 『경제사상사』 등이다. 『자본주의의 계략』은 학생들이 가장 많
이 읽었던 책 중 하나이다. 이경선도 동덕여고보 독서회에서 이 책
을 읽었고, 자신이 조직했던 독서회에서도 이 책을 독서회 회원들
에게 읽혔다.

정종명도 "조선에 있는 1000만 여성들을 훈련하는 것도 당면의
중대 문제인데 여기에는 우선 신문 잡지나 볼 수 있게 문맹부터 타
파하여놓고 시대사조를 잘 알도록" 하고, "고등여학교에 다니는 신
진 여학생들도 신문 잡지를 의무로 보아서 현 조선의 현실에 분명

한 인식 판단을 갖도록 할 것"이라며, 기회가 닫는 대로 강연에 힘쓰겠다고 말한다. 그리고 『경제원론』, 『맑스 전집』, 『레닌 전집』, 『러시아혁명사』, 『베벨 부인론』, 『조선 근대사』 등을 읽어야 한다고 강조했다.[10]

황신덕과 정종명은 고등보통학교가 학생들을 충분히 이끌어줄 수 없기 때문에 신문과 잡지를 부지런히 읽고 위의 책들도 탐독해야 한다고 생각했다. 그렇게 해야 대중을 설득시킬 수 있다는 것이다. 독서회 회원들만 사회주의 관련 분야 책에 관심을 가졌던 것은 아니었다. 일반적 독서 경향을 보아도 사회주의 서적은 광범위하게 읽혔다.

1934년 10월호에 『신가정』은 여름방학 중 독자들의 독서 목록과 독후감을 알리는 설문 조사를 실시해 실었는데 그 내용은 아래와 같다.[11]

여학생들의 독후감

독자	서명	독후감
최문황 (이화여자 전문)	『신사상의 해결과 선도』	물질문명의 진보, 정신문화의 개발, 이것은 우리 국가의 사회 정도를 말할 것이라고 생각하옵고 사상이라는 것은 한 나라 한 사회를 선도하는 큰 힘을 가졌다고 하는 것을 깨달았습니다.
최말보 (경성보육)	『처세와 수양』	사람이란 남녀를 물론하고 세상을 살아가는 데는 먼저 그 시대를 응용할 만한 처세술이 필요하며 일반 사회에 대한 상식과 인격 수양이 필요하다는 것을 느꼈습니다.

이
계
순

노윤정 (경성보육)	『베벨의 부인론』	아직 다 읽지 못했습니다.
박복동 (경성보육)	『유물사관』	이 책은 다른 책과 달라 읽기에 매우 힘이 듭니다. 소설 문학 전집, 시, 가요 등은 대개 한 번씩은 읽어서 대강의 내용은 해득할 수 있으나 이 유물사관은 한 번 읽고는 모르겠어요. 그러나 한 번 두 번 세 번, 알 때까지 읽어 그곳에서 진리를 찾고 난 그 순간의 느낌이야 무엇에다 비할지요. 현대 여성으로선 반드시 읽어야 할 책이라고 말하고 싶습니다.

1920~1930년대의 여학생들은 자신들에게 강요되는 전통적인 규범 대신 책 속에서 새로운 가능성을 찾고자 했으며, 당대의 현실과 여성의 현실에 대한 명확한 인식을 얻고자 했다.[12] 독서회는 이러한 관심을 더욱 확장했던 것이다.

근우회 중앙집행위원

이계순은 근우회 대구지회에서 활동을 했다. 근우회 대구지회는 1928년 2월 9일 발기준비위원회를 열고 25일 창립대회를 열었다.

근우회 대구지회 설립대회는 예정과 같이 지난 25일 오후 2시 대구 달성 공원 앞에 조양회관 3층 대강당에서 개최하였는데 200명에 가까운 회원과 400~500명의 방청인으로 근래 드문 대성황을 이루어 정각이 되자 조영수 씨 개회사를 비롯하여 회원 점명(點名)이 있은 후 서울본부로부터 온 정칠성 씨의 취지 설명이 있었으며 순서에 따라 견신희 씨의 경과 보고와 이혜경 씨가 임시의장, 부의장 최정옥, 임시 서기 강정임·진현해 씨 등이 추천되어 자리를 정한 후 위원 선거에 들어가 조용수·이춘수·최정옥 삼 씨가 전형위원으로 천거되어 전형한 결과 집행위원은 아래와 같으며 그다음 각 처에서 온 축전·축문 낭독과 신간 대구지회와 경남 김해 여청으로 온 이들의 의미심장한 축사가 있은 후 다음과 같은 결의를 있었으며 (…).

결의문

1. 부인 교육 문제에 관한 건
1. 여성의 사회적 지위의 평등
1. 신간회 지지의 건

집행위원

최순애·견신희·윤경옥·서명옥·최정옥·이혜경·이한순·채옥자·강정임·조영수·김일조·서덕완·이춘수·한귀순·진현해·장십련·서옥주·나순금·노진옥·주복남[13]

대구지회 창립대회는 회원 200여 명을 포함해 400~500명이 참가했다. 결코 적은 인원이 아니었다. 이날 집행위원도 모두 뽑았는데 여기에 이계순의 이름은 없다. 이계순은 1929년에 대구사범 강

이
계
순

습과를 졸업하고 초등학교 교사 일을 하고 있었다. 따라서 공개적으로 이름을 올릴 수 없었을 것이다. 근우회 대구지회에서 명확한 활동 경력이 없는데 중앙집행위원으로 곧장 올라갈 수는 없는 노릇이었기 때문이다.

근우회 대구지회의 활동 이력이 나온 때는 1930년도부터다. 1930년 2월 28일에 대구경찰서는 대구지회 간부 이춘수, 이범옥, 이계순을 검거해 취조했다.[14] 대구경찰서 고등계는 6월 21일 아침에 이춘수와 이계순을 또다시 검거했다.[15] 어느 사건에 연루되었는지는 비밀에 붙여 알 수 없지만 조사를 받고 나왔다.

근우회는 1930년 9월 29일 중앙집행위원회를 열어 전국대회를 개최하려고 했으나 금지당했다. 다시 확대위원회를 개최하려고 시도했지만 이마저 경찰은 금지했다. 결국 근우회의 모든 집회가 금지 당하자 집행부는 전국 지회를 중심으로 서면(書面)대회를 하기로 결정했다. 이 서면대회의 준비위원 명단은 아래와 같다.

경북 대구지회 이계순, 경남 밀양 윤치정, 함북 성진 유금봉, 함남 홍원 최채금, 전남 목포 고연우, 평남 평양 조신성, 황해 해주 최사신, 경동지회 김상순, 경성지회 이경희, 중앙상무집행위원으로 정칠성 외 8인, 도합 18인을 선거하였다.[16]

1930년 12월 18일에 근우회 확대 중앙집행위원회가 개최되었다. 이 자리에서 "문맹 퇴치를 목적으로 하는 농촌 부인 강좌와 야학을 적극적으로 하고", "과거 근우 운동은 식자 계급의 독점 운동과 같은 혐의가 있음"을 비판하며 "일반 농촌 부인과 기타 가정 부인을 중심으로 운동을 전개"할 것을 결의했다.[17] 그리고 중앙위원도 새롭게 뽑았다. 이때 선거된 중앙집행위원은 "중앙집행위원장 조신성, 중앙집행위원 황애덕·우봉운·김수준·강정임·손메례·윤상성·이계순·정실해·김온·진규·안정숙·윤치정·김선·고연우·김정원·정선화·박영해·이춘수·김광호·최숙자·심은숙, 중앙검사위원 정칠성·정종명·조상달·김상석·신정균" 등이었다.

1930년 9월 이후 이계순은 대구에서의 활동을 접고 경성으로 올라왔다. 그리고 근우회 중앙집행위원으로 활동했다. 1930년도에는 근우회 대구지회 회원이 유독 서울에서 활동한 사례가 많다. 대구지회 회원인 이춘수, 이계순, 강정임이 모두 서울 중앙집행위원에서 활동했다. 아마도 이는 1929년 7월부터 1930년 11월까지 정칠성이 중앙집행위원장이었기 때문일 것이다. 이춘수는 1920년대 대구 여성운동의 출발이고 기둥이었다. 그리고 이춘수와 언제나 함께 활동했던 이가 정칠성이다. 정칠성과 이춘수는 대구여자청년회를 처음으로 조직했다. 정칠성은 중앙에서, 이춘수는 대구에서 활동하자고 서로 이야기했을 것이다. 물론 이춘수는 대구지회를 지키면서 중앙집행위원을 역임했다.

이계순이 이춘수와 가까워질 수 있었던 것은 아마도 강정임의 영향인 듯하다. 강정임은 이계순과 비슷한 나이로 경성여자고등보통학교 사범과를 졸업했고, 졸업 뒤 부산공립보통학교에서 교사 생활을 했다. 경성여자고등보통학교 사범과 선배였던 이춘수도 5년 동안 경남과 경북 지역에서 초등학교 교사였다. 이런 인연으로 이계순은 강정임과 이춘수를 만났으리라.

조선좌익노동조합전국평의회

근우회 제2회 집행위원회가 1931년 1월 17일에 열렸다. 회의에서 '중앙집행위원 이계순 사임원 수리'가 결정되었다. 근우회 중앙집행위원이 된 지 1개월 만에 이계순은 사임했다. 그녀의 행보는 다음 기사에서 확인할 수 있다.

> 각지에 공산주의자협의회가 조직되어 교묘한 연락을 취하여가며 재래의 실패에 감하여 인텔리를 극단으로 배척하고 직접 농촌과 직장에 선전분자가 침입하여 의식 고취와 당원 규합에 전력을 하였으니 이계순 등이 종연방직 등의 여직공이 되어 활동한 것은 그 일례라 할 것이다.[18]

> 경성에 올라와 동대문 밖 종방의 방직공으로 들어가 지하운동 실천에 착수하였다.[19]

이계순은 1931년 1월 이래 종연방직 동대문 공장에 들어갔다. 이계순이 체포되었을 때 신문에 '선전분자가 농촌과 직장에 들어가' 활동한 대표적 사례로 지적되었다.

이계순은 서울에 올라와 근우회 활동을 하면서 조선공산당재건설준비위원회(당재건위)에 관여했다. 이계순이 이 활동을 하게 된 계기는 근우회 중앙집행위원장이었던 정종명과 중앙집행위원인 신경애의 영향인 듯하다. 정종명은 당재건위, 조선좌익노동조합전국평의회 조직준비회(전평준비회) 중앙상무위원으로 부인부 책임을 맡았다.[20] 신경애는 1927년 중앙여자청년연맹 집행위원이었고 1928년 근우회 중앙집행위원 및 경성지회 집행위원으로 활동했다.

정종명의 영향으로 당재건위에 가담한 이들은 지역에서 당을 재건하는 운동과 함께 세포를 조직하는 활동을 벌였다. 당재건위는 혁명적 노동조합을 지하에 결성하고 각 공장과 직장에 세포를 조직해 당원을 획득하여 당을 건설한다는 계획을 세웠다.

1931년 3월 당재건위가 해제되고 전평준비회가 결성되었다. 전평준비회는 산업별로 혁명적 노동조합을 지하에 결성하고 기존의 혁명적 노동조합과 연계를 맺으면서 전평준비회 결성의 방침을 세웠다. 정종명은 혁명적 노동조합 안에 부인부를 건설하려고 했다. 시내의 공장 직공 중에 동지를 규합하기로 하고 여공부에는 근우회 간부로 있던 신경애와 이계순이 이 활동을 했다. 이러한 연장 속에서 이계순이 종연방직 동대문 공장에 들어가게 된 것이다.

이
계
순

용산경찰서는 1931년 4월 23일부터 26일까지 5월 1일 어린이 날을 기회로 비밀결사를 조직한다는 정보를 접하고 신간회 해소위원 정희찬, 신철, 정종명 등 15~16인을 검거해 취조했다.[21] 4월 23일 새벽부터 시작된 검거와 취조는 6월 1일까지 40일 만에 조사를 끝냈다. 사건 발생 5개월이 지났던 그때에도 신분 구속 송국자가 187명에 달했는데 여기에서 끝난 것이 아니었다.

지난 17일에 시내 종로서에서 검거하여 송국한 공산주의자협의회 공작위원회 공산당재건준비위원회 관계자 40명 구속 23명에 관한 결사조직운동 사건은 이래 경성지방법원 검사국 마에노(前野) 검사의 담임으로 취조를 하던바 29일 오후 2시까지 취조가 끝이 나 기소를 다음과 같이 결정하였다. 기소된 사람은 곧 예심으로 회부하였는데 범죄 사실은 침퇴한 공산운동 전선을 부활시키고자 용산서와 본정서에서 검거한 공작위원회 사건 시에 교묘히 몸을 뽑아가지고 나와서 1월 6일에 경성서 공산주의자 대회를 개최하려다가 발각되어 체포된 것이다.

김창수·박제영·심원섭·정학원·신경애·이말순·유병기·임동헌·고정대·유홍동·이고명·유희용·길홍섭·임윤재·임종만·이상규, 이로 보면 나머지 25명은 불기소가 되었다.[22]

이계순은 1932년 2월 초에 종로경찰서에 검거되어 조사를 받았고, 2월 17일에 경성지방법원 검사국으로 송국되었다. 2월 29일에

검사의 취조가 끝났다. 경성지방법원 제2예심 마스무라(增村) 판사
는 1932년 10월 26일에 사건의 취조를 시작했다. 이 사건으로 구
속된 103명은 1933년 3월에 최종 심문을 마쳤다. 그리고 4월 28일
오전 9시 경성지방법원에서 예심이 종결되었다. 사건 관계자 108명
(5명은 사망) 가운데 강문수 등 78명은 치안유지법 및 출판법 위반과
공무방해, 상해, 범인 은닉 등의 유죄로 결정되어 경성지방법원 공
판으로 넘겼다. 이날 예심 면소 처분을 받은 이들은 그날 밤에 서대
문형무소를 나왔다.

박부산·김덕빈·오세진·최덕석·신현기·홍승복·김기태·반영기·지한
명·김명호·김봉준·박광태·고제은·배길손·임성초·최두격·유병기·
이상규·고정문·유희용·유홍룡·이말순·신경애·임동헌·임윤재를 면
소함.[23]

경성지방법원에 1360원 청구

1933년 4월 28일 7시, 이계순은 서대문형무소를 나왔다. 이계순을
포함해 25명이다. 이들은 두 대의 버스를 나누어 타고 서대문경찰
서로 호송되었다. 2년 동안 형무소 구류감 생활에 지쳤지만 서로 쳐
다보며 미소를 건넸다. 서대문경찰서 고등계 주임이 출감 뒤 주의

이
계
순

사항을 설명했다. 이를 마치고 김덕빈 등 11명은 고향에 돌아갔고, 신경애와 이계순은 경찰이 지정한 화천여관에서 투숙했다. 박부산 등 12명은 서대문경찰서(7명)와 종로경찰서(5명)에서 보호검속을 받았다. 이유는 메이데이가 얼마 남지 않았는데 행선지가 명확하지 않기 때문이었다고 한다.

이계순이 다시 신문에 소개된 것은 1933년 6월 25일자 〈동아일보〉와 〈조선일보〉에서였다. 〈동아일보〉는 「형사보상 청구 조공사건의 여성」, 〈조선일보〉는 「이말순 양의 형사보상 청구」라는 제목의 기사를 실었다.

조선국내공산당공작위원회 사건에 면소된 대구부 덕산정 이말순은 23일에 경성지방법원에 형사보상법에 의한 보상을 청구하였다 한다. 이말순은 소화 6년(1931년) 1월 9일에 구속되어 금년(1933년) 4월 28일에 면소되어 그동안 627일에 매일 3원씩 계산하여 1881원을 청구하게 된 것이라 한다.[24]

재건공산당공작위원회 사건에서 면소된 대구의 이말순 양도 23일에 경성지방법원에 하루에 3원씩 계산하여 1360원의 보상 청구를 하였다.

형사보상법은 형사 사법의 잘못으로 죄없이 구금 또는 형의 집행을 받은 사람에게 국가가 그 손해를 보상하는 법이다. 일본은 형사보상법을 1932년 1월 1일부터 실시했다. 이 법이 제정될 때부터 조선에도 적용되어야 한다는 여론이 일었다. 조선총독부는 예산만 있으면 조선에도 적용하겠다고 밝혔다. 이에 대해 조선총독부 후카자와(深澤) 법무국장은 이렇게 말했다.

총독부에서는 벌써 전부터 실시할 예정으로 모든 준비를 다하였다. 예산은 이 긴축 시대임으로 그리 많이 청구할 수는 없으나 9만 원 정도이다. 조선에서도 그 입법 정신을 충분히 발휘하도록 원죄자를 위자할 터이다. 이 법이 실시된다면 그에 따른 보상의 금액 여하보다도 사회나 검찰 당국의 공기만으로도 대단히 좋은 영향이 미칠 줄 안다. 될 수 있는 대로 신년도부터 실시하도록 할 터이다.[25]

1933년 2월부터 조선에서도 형사보상법이 실시되었다. 최초 청구는 상법 위반 및 사기 혐의로 구류를 살다가 무죄 석방된 것인데, 그 뒤 이어진 청구는 치안유지법 위반 사건이었다. 즉 조선공산당 공작위원회 사건에 관계되었던 회령의 박부산이 5월 16일 청구서를 경성지방법원에 제출했던 것이다. 형사보상법이 실시된 이후 1933년 7월까지 경성지방법원에 보상 청구를 수리한 14건의 건수 가운데 치안유지법 위반 보상 청구가 8건이었다. 그런데 5월에 보상을 청구했던 치안유지법 위반 사건은 6월 9일에 모두 청구 기각으로 결정되었다. 박부산과 임윤재가 제출한 것은 미결 상태였다.

치안유지법 위반으로 면소된 이들의 형사보상법 적용 여부는 논란의 대상이 되었다. 특히 재건사건위 면소자 25명의 보상 청구가 가능한가에 관심이 모아졌다.

보성전문학교 교수 와타나베 카츠미(渡邊勝美) 씨 담
나는 학리적 근거에서 보면 적용될 줄로 믿는다. 아직 대심원의 판결례를 낱낱이 들추고 과거 적용된 것을 열람하기 전에는 적확한 말을 못하겠지마는 표면상으로 증거 불충분에 그 이유가 있다고 하니 보상을 받게 될 줄로 생각 든다. (…)

예심 판사 마스무라 후미오(增村文雄) 씨 담
(…) 면소된 25명에 대하여서는 그 죄상이 다소 분명치 못한 듯하나 그들의 행동은 선량타고 못 할 것이다. 만일에 공판에 회부한다면 당연히 체형을 받게 될지 모르지마는 이미 오랫동안 구금 생활을 했고 또 형을 받되 미결구류를 통산하면 출옥케 되겠음으로 그 정상을 생각해서 면소의 처분을 내린 것이다. 그런데도 불구하고 보상을 청구하는 것은 부당한 일이라 생각 든다. (…) 나는 예심을 한 사람으로서 말하는 것은 그들에게 다소 위협적 언사가 아닐까 하는 것으로 긴 말을 할 수 없다.

변호사 김용무 씨 담
긴 세월 동안 철창의 생활을 하다가 드디어 무죄 방면이나 예심 면소로 출옥하는 사람들에게 누구의 실책은 불문하고 국가는 당연히 이들에게 무슨 보상을 강구해야 할 것이다. (…)

변호사 김병로 씨 담

(…) 방대한 소송 기록을 열람하기 전에는 단언할 수가 없겠다. 그러나 전부는 아니라 하더라도 그 표면 이유로 보아서는 대부분이 그 보상을 받게 되지 않을까 생각된다.[26]

보성전문학교 교수와 변호사들은 '희망적이다'라고 말하는 반면, 이 사건을 맡았던 예심 판사는 '보상 청구는 부당하다'고 밝혔다. 이전에 치안유지법 위반의 보상 청구는 청구 기각이나 미결 상태였다. 그런데도 이계순은 6월 23일에 경성지방법원에 보상 청구를 했다. 1933년 10월, 경성지방법원에 제출된 16건의 보상 청구 중 치안유지법 위반 관련이 10건이었다. 이는 모두 기각되었다. 이계순은 예심 판사의 위협적 경고도 들었고, 이미 청구 기각으로 판결될 것으로 짐작했으리라. 그런데도 1일 3원씩 계산해서 보상 청구를 한 행위는 억울함의 호소라기보다는 부당한 식민지 권력에 대한 항의였다.

이
계
순

조선부녀총동맹 총무부장

해방공간, 이계순은 활발하게 움직였다. 이계순은 1945년 9월 1일
조선건국준비위원회 경성지회 상임위원회에서 경성시 인민위원으
로 선출되었다. 이때부터 건국부녀동맹에서도 활동했던 듯하다. 건
국부녀동맹은 서울 종로 중앙기독교청년회관 대강당에서 '전국부
녀단체대표자대회'를 열기 위해 준비위원회를 구성했는데 이계순
은 준비위원으로 참가했다. 이계순은 전국부녀단체대표자대회에
서 조선부녀총동맹(부총)의 중앙집행위원으로 선출됐다. 그이가 맡
은 직책은 총무부장이었다. 그이의 나이 30대 중반이었다. 아마도
근우회 대구지회, 근우회 중앙집행위원회의 활동 때문에 부총을 총
괄할 임무가 주어졌을 것이다.

　부총은 여성들을 조직하려고 다양한 강연과 강좌를 개설했다.
1946년 1월 11일에 중앙기독교청년회관에서 열린 '부녀시국강연
회'에 유영준, 정칠성, 허하백, 박진홍, 이경선, 이경희, 유금봉과 함
께 연사로 참가했다. 부총은 '공창 폐지와 사회 대책'에 관한 좌담회
나 '삼상회의 지지', '공사창 제도 철폐', '테러에 관한 여론', '미국 차
관 설정', '국치일 관련 성명', '정판사 사건 판결' 등등에 대한 성명
서를 발표해 입장을 제시했다. 그리고 모내기철에 농촌 지역 탁아
소 개설이나 수해 구제 대책을 마련하기 위한 조사대와 구호대 파
견, 수재민 구호 활동 등을 하면서 대중에게 다가갔다. 총무부장으

로서 이계순은 부총의 모든 사업을 관리했다. 1946년 12월 26일에 열렸던 부총 결성 1주년 기념식 때 이계순이 사업 보고를 했는데, 이 때 부총은 남조선민주여성동맹(여맹)으로 단체 이름을 바꿨다.

또한 부총 대표로 그이는 조선노동조합전국평의회 산하 경성평의회 제2차 정기총회 때 축사를 하거나 '테러폭력반대대책 제1회 시민대표자대회'에 참가했다.[27] 메이데이기념준비위원회, 민주주의 민족전선(민전) 등에서도 활동했다.

1947년부터 여맹 활동가에 대한 검거가 잦았는데 총무부장이 었던 이계순도 여기에서 벗어나지 못했다. 특히 1947년 8·15 해방 기념을 앞두고 민전 사무실이 수색을 당하고 관계자들이 검거되었다. 8월 11일 밤부터 시작된 수도경찰청의 검거는 12일 아침까지 이어졌다. 12일 아침에 남대문 민전 사무실 앞에 30명이 트럭을 타고 몰려와서 민전 사무소의 급사부터 핵심 인물에 이르기까지 200여 명이 검거되었다. 이런 와중에 출입기자까지 끌려갔다가 나왔다. 이는 다른 단체에까지 미쳐 피검거 인원은 무려 300~400명에 달했는데 검거의 확실한 이유는 알 수 없었다. 이에 13일 수도경찰청장 장택상은 "사건에 대하여는 일체 말하지 못하겠다. 2, 3일 후 진상을 발표하겠다. 예비검속이라는 것은 현 경찰에는 없다. 이번 검거는 정확한 범죄 사실이 확인되어 검거한 것이다."라고 했고, 이인 검찰총장은 "현 질서를 파괴하고 치안을 교란케 한 혐의"라고 밝혔다.[28] 예비검속이 아니라고 했지만 검거 이유를 밝히지는 못했다. 즉 이들은 무작위로 이유 없이 체포된 것이다.

8·15 전후를 기하여 남조선 일대 좌익 검거의 대 선풍 속에 휩쓸려든 여맹 간부 중 서대문서에 구금 중이던 여맹 부위원장 정칠성 씨는 지난 25일 치안관원으로부터 29일간 구류 처분을 받았다 하며 동 서에 피검된 중외신보사 여기자 문분란 씨는 동일 무죄 석방되었다 한다. 한편 종로서에 피검 이후 석방설이 있는 여맹 위원장 유영준 씨는 상금 동 위원 남궁희, 이계순 씨와 함께 계속 취조 중에 있다고 전한다.[29]

무작위 검거로 인해 여맹 위원장, 부위원장 그리고 총무부장을 비롯한 중앙집행위원이 체포되었다. 취조를 받고 여맹 중앙집행위원은 풀려나왔다. 그런데 그 뒤부터 경찰의 감시 때문에 이계순은 위원장 유영준, 부위원장 정칠성 등과 함께 거처를 수시로 옮겨 다녀야 했다. 11월 신문 기사에서 이를 확인할 수 있다. 검거된 이들 중 일부가 검찰청으로 송청되었는데 일부는 불기소되거나 기소 중지 처분을 받았다. 그 이유는 소재 불명이었다.

8·15 좌익 요인 검거에 휩쓸려 지난 10일 수도청으로부터 서울지방검찰청에 송청되어 강석복 검찰관의 문초를 받고 있던 민전 사무국장 대리 홍증식 씨 외 28명은 재작 20일 다음과 같이 불기소 혹은 기소 중지 처분을 받았다고 하는데 그 씨명은 다음과 같다.

홍증식·송성철·한지성·윤증우·최원택·김기도·양상범·유영준·송준
동·오근영 이하 불기소.

김원봉·김창준·김응섭·홍남표·성주식·김명시·김정홍·유금봉·윤상
렬·장기욱·박철·이원일·오쾌일·배철·정칠성·이계순·김온 이상 소
재 불명으로 기소 중지한 바 있었는데 (…).[30]

부녀 대중의 완전한 해방 없이는
참된 민주주의 건설은 없다

해방공간, 30대 중반이었던 이계순은 부총의 이론가이자 조직가였
다. 그러나 그이가 남긴 글은 거의 없다. 다행히 『부인』에 「북조선
남녀동등권 법령 실시와 그 후 실정」이란 글이 있는데, 여기에서 이
계순은 "부녀 대중의 완전한 해방이 없이는 참된 민주주의 건설은
있을 수 없"다고 주장했다. 또한 "부녀 대중을 봉건적 인습에 억매
어두고 그들의 자유와 생명을 마음대로 유린하는 곳에 민주주의란
참말 도깨비의 장난"이라며, 진정한 민주주의국가 건설에서의 남녀
동등권 법령의 실시는 토지개혁법과 노동법의 실시와 같은 의의를
갖는다고 했다. 즉 남녀동등권은 제반 민주주의 제도, 정책 그리고
법령의 실시와 별개가 아니라 민주주의를 실현하는 곳에서 반드시
실현되어야 하는 제도이자 정책이며 법령이라는 것이다. 이런 측면

에서 북조선의 남녀동등권 법령의 실시는 국가, 사회, 경제, 정치 모든 영역에서 여성들은 남자와 동등한 평등권을 갖는다는 기본 원칙에서 출발했다고 평가했다. 이어서 "북조선 부녀 대중들의 실정을 들어보면 정치, 문화, 교육, 사회 각 방면에 적극적으로 진출하여 민주 건설에 공헌"했다며 법령 마련이 여성들이 거리로 나오게 된 계기가 되었다고도 했다. 그 사례를 들어 "작년 11월 3일에 실시된 총선거 결과 453명의 부녀가 당선되어 정치에 직접 참가하였으며 여자 판사, 여자 검사의 출현 등은 실로 경이적 사실"이며, "특히 모자보호법의 제정으로 모성의 특별한 보호는 모자 열차까지 생겼으니 어머니와 아내라는 그 거룩한 이름 아래 모든 인종(忍從)과 굴욕과 희생을 강제 당해온 조선 부녀로의 비약은 꿈같이 위대하고 획기적인 사실이 아닐 수 없다."고 평가했다.[31]

북한의 남녀동등권 법령의 발표는 이계순을 비롯한 여맹에게 자극이 되었다. 따라서 여맹은 1947년 3월 20일 중앙상임위원회에서 '남녀평등권에 관한 법령 초안'을 러취(Archer L. Lerch) 장관에게 건의하기로 결의하고 그 실시를 요청하기로 했다. 여맹이 건의한 법령 초안이다.

제1조 국가 경제, 정치, 사회, 문화 생활의 모든 영역에 있어서 여자는 남자와 같은 평등권을 갖는다.

제2조 지방과 국가 최고 기관에 있어서 여자는 남자와 동등으로 선거권

및 피선거권을 갖는다.

제3조 여자는 남자와 동등의 노동 권리와 동일한 임금과 사회적 보험 및 교육을 받을 권리를 갖는다.

제4조 여자는 남자와 같이 자유 결혼의 권리를 갖는다. 결혼할 사람 자신들의 동의 없는 비자유적이며 강제적인 결혼은 금지함.

제5조 결혼 생활에 있어 부부 관계가 곤란하고 부부 관계를 더 계속할 수 없는 조건이 생길 때에는 여자도 남자와 동등한 자유 이혼의 권리를 갖는다. 여자로서 아동양육비를 전 남편에게 요구할 소송권을 인정함.

제6조 결혼 연령은 여자는 만 17세, 남자는 만 18세 이상으로부터 규정함.

제7조 중세기적 봉건 관계의 유습인 일부다처제와 여자들을 처나 첩으로 매매하는 여자 인권유린의 폐해를 금후 금지함. 공사창제 및 기생제도(기생, 권번, 기생학교)를 금지함. 전 2항에 위반하는 자는 법적으로 처벌함.

제8조 여자는 남자와 동등한 재산 및 토지상속권을 가지며 이혼할 때에는 재산과 토지 분배의 권리를 갖는다.

제9조 남녀평등을 위한 민주주의적 부녀운동의 정치적 자유를 보장한다.

제10조 이 법령의 발표와 동시에 조선 여자의 권리에 관한 재래의 법령과 규칙은 무효로 된다.

이 법령은 공포하는 날부터 효력을 발생한다.[32]

러취 장관은 이 건의안을 3월 27일 입법의원 의장 김규식에게

이
계
순

회부했다. 러취는 회부 서한에 '이 건의안은 대체로 가장 적당하며 현대 민주주의 원칙에 부합된다'라고 의견을 밝혔다. 여맹의 남녀 평등권은 현대 민주주의국가가 지향하는 주요한 과제들이다. 한국은 이를 실현하기 위해 20~21세기 내내 투쟁이 이어졌는데, 1947년에 이미 법령의 마련을 요구했던 것이다.

1910	· 대구 출생(혹은 1909년)
1928	· 대구사범학교 강습과 입학
1929	· 대구사범학교 강습과 졸업, 1년 동안 보통학교 교원
1930	· 근우회 대구지회 활동
1931	· 근우회 중앙집행위원 · 종연방직 동대문 공장에 들어감
1932	· 2월 체포
1933	· 4월 서대문형무소 출소 · 5월 경성지방법원에 소송
1945	· 건국부녀동맹 활동 · 조선부녀단체대표자대회 소집준비위원회 준비위원
1946	· 2월 민주주의민족전선 중앙위원 · 조선부녀총동맹 총무부장
1947	· 남조선민주여성동맹 총무부장

이
계
순

◇

이경선

7

여성의 참가 없이

전 민족 해방의 완성은 어렵다

李景仙, 1914~?

이
경
선

조선 여성에게 호소함

해방공간, 모든 정치 집단은 이 시기를 새로운 국가를 건설해야 하
는 비상 시기로 여겼다. 1945년 8월 17일에 건국부녀동맹을, 12월
에 조선부녀총동맹을 조직한 활동가들은 강연이나 신문·잡지를 통
해 여성들도 하루바삐 국가 건설에 나서야 한다고 주창했다. 당시
여성 활동가의 글을 찾기는 쉽지 않지만 몇 편의 글이 남아 있다. 그
중의 한 편이 이경선이 『개벽』에 쓴 「조선 여성에게 호소함」이다.

이 글은 해방의 기쁨과 기회, 과거 조선 여성운동의 정리, 과거
와의 결별, 역사에서 여성의 위대성, 실천의 필요성 등으로 구성되
었다. 이경선에게 해방은 잃었던 것을 찾는 격동과 감격의 날이며
일제에 빼앗겼던 아들, 약혼자, 오빠를 만나는 기쁨의 날이었다. 일
상생활에서 행복을 찾는 일이 해방의 의미이며, 이 소소한 기쁨 외

에 역사적 축제에 참가한다는 격정을 넘어 커다란 기쁨을 가져왔다고 썼다.

또한 "벗들이여, 언니, 동생들이여, 그대들은 부엌에서 안방에서 공장에서 밭에서 학교에서 병원에서 회사에서 봄풀같이 푸르러가는 미래에 약속된 우리들의 자유를! 확신을 느끼지 않았는가."라며 해방은 여성에게 미래의 자유를 가져오는 기회라는 점을 강조했다. 또한 "우리 여성들의 정치적·사회적 지위의 향상을 위하여 인권의 자유와 평등을 부르짖고, 요청하고 결속할 수 있는 이 성스러운 총호기를 우리는 최대한의 용기를 고무하고 집결하여 해방 조선의 한 사람으로서의 역사가 과하는 임무를 수행해 나가기에 노력을 아껴서는 안" 되며, 이 절호의 기회에 "진보와 발전을 위하여 코스를 찾아" 앞으로 나아가야 한다고 했다.

이경선은 또 해방이 여성에게 자유와 기회의 시간이자 공간임을 강조하며 거리로의 진출을 주문했다. 여성의 가두 진출은 여성현실과 과거 조선 여성운동의 한계를 넘어서기 위함이었다. 여성은 태어날 때부터 '여자'라는 낙인이 찍혀 험준한 가시밭길이 예견되었다며 딸을 출산한 어머니는 축복의 말 한마디 듣지 못했던 것이 조선 현실이라고 지적했다. 20세기 자유사상도 조선 여성에게는 어떠한 혜택을 주지 못했으므로 교육을 통해 할머니, 어머니 세대와 다르게 살아가고자 한 믿음도 배반당했다고 주장했다.

과연 시대는 긴 치마에 발등을 덮고 처네를 쓰고 가마를 타고 다니던 우리들의 할머니, 어머니들의 시대로부터 짧은 치마를 입고 높은 신을 신고 창공을 우러러 거닐 수 있는 거리에로 여성을 해방시켰다. 그래서 개벽 이래 조선 여성에게 어느 정도의 교육의 문호를 개방시켰다. (…) 양친과 가벌의 반대에 항쟁하여 학문을 찾아 외국 또는 일본으로 건너간 소수의 진보적 여학도들은 사념의 풍부와 성숙에 따라 이미 졸업 전부터 비참한 조선의 현실에 자신들을 결부시켜 안 생각할 수 없으며 그들은 인간적인 개안(開眼)과 성장과 함께 순수한 출발에까지 커다란 회의를 안 가질 수 없게 되는 것이었다. 결과는 차질되고 좌절되고 회의의 부담은 냉소와 조소를 아끼지 않는 사회적 무책임으로써 일소되고 출발의 역효과는 아름다운 한 정신의 파멸에 귀결 짓게 하는 것이었다.[1]

신여성은 긴 치마 대신 짧은 치마를 입고 거리로 나와 부모와 가정의 반대를 무릅쓰고 교육을 받았지만 냉소와 조소로 좌절하고 말았다는 것이다. 이경선은 여기에 여성들의 책임도 있다고 자책한다. 그러나 더 큰 책임은 식민지 조선 사회, 즉 일제에 있음을 강조한다. 과거 역사는 일본제국주의의 노예 교육으로 문자 그대로 노예 상태였다는 것이다. 따라서 해방에 따라 노예 교육에서 받은 노예성을 물리치는 행렬이 이어지고, 여성들도 여기에 동참해야 한다고 바라봤다. 여성들이 이 행렬에 앞장설 수 있다고 확신했는데 그 믿음을 여성들의 과거 역사에서 찾았다. 성별 차이를 인정하면서 지나치게 과소평가된 여성의 역량과 이론의 근거 없음을 역사가 증명한다는 것이다. 김유신·이율곡의 어머니와 신숙주의 아내가 보인 행동에서 여성, 특히 어머니의 위대성을 그 사례로 제시했다. 이경선은 이러한 여성 역사의 역량을 믿고 가정 안팎으로 전진하자고 외쳤다.

조선 여성들이여! 힘을 같이하여 새 조선의 요구하는바 실천에 참가하자. 1400만 우리들 힘은 혼자 생각하는 것처럼 약한 것도 아니며 무기력한 것도 아니다. 물론 우리들 앞에는 가정적으로 사회적으로 인습적인 장해가 많을 것이다. 우리들 자신의 두려움도 산적해 있다. 그러나 용감하자, 결속한 힘은 크다. 차대의 여성들이 우리와 같은 신음을 다시 되풀이 말게 하기 위하여 이미 새 조선이 우리에게 열어준 큰길을 향해 출발하기를 서슴지 말자. 새 조선의 젊은 세대는 우리들을 위하여 새로운 이해와 관점에서 기여를 준비하고 있다. 우리는 우리의 개인적 요구가 단순히 남성에 대한 항쟁이 아니고 국가에 대한 과욕이 안 됨을 확신한다. 오히려 우리들 여성의 참가 없이 전 민족 해방의 완성은 기하기 어려운 일이다.

우리는 낡은 봉건 인습에서의, 일본제국주의의 여성 강압 체제로서의 완전 개혁 같은, 이러한 물질적 조건의 허용 없이는 지금까지의 열등 지위로부터 일보도 나갈 수 없으며 따라서 우리들이 조선 사회에 보내려는 열성도 수포가 되고 만다.[2]

이경선은 여성들에게 가정의 노예에서 벗어나 일제의 여성 억압 체제 개혁, 여성의 해방과 자유를 가져올 사회 건설로 나아가야 한다고 주장했다. 해방공간 여성을 거리로 불러낸 주요한 담론들 중 하나는 "민족의 운명이 결정되는 중요한 이 순간에는 (⋯) 여성 해방이라는 얼토당토 않은 문제로 평지풍파를 일으키며 풍기, 도덕상 재미롭지 못한 현상을 자아낼 필요가 어디 있느냐? (⋯) 우국 애족의 여장부를 요구한다."라는 주장이었다.[3] 이는 민족의 운명이 결정되는 중요한 시기이므로 여성도 여기에 공헌해야 한다는 논리로 여성해방이 목적이 아니었다. 이러한 담론은 1947년과 1948년에 이르면 '밥도 할 줄 모르는 여성들이 어떻게 정치를 하느냐'며 여성의 사회 활동에 대한 비판으로까지 이어졌다. 이는 비상 시기에 여성도 여기에 공헌해야 한다는 이경선의 논리와는 분명한 차이가 있다.

「조선 여성에게 호소함」에서 이경선은 여성들에게 무조건 '부엌에서 나오라'고 요구하지 않았다. 여성 억압 체제의 개혁이 왜 필요한지를 말하고, 부엌에서 나오는 것이 여성이 자유를 획득할 수 있는 기회라고 제안했다. 이론가이면서 활동가였던 이경선은 풍부한 역사 지식과 맥락을 들어 설득했다.

조선부녀총동맹 선전부 위원, 뛰어난 웅변가

이경선은 건국부녀동맹에 1945년 9월부터 합류한 듯하다. 건국부
녀동맹은 1945년 9월 15일에 중앙기독교청년회관에서 전국대회준
비위원회를 개최했고, 준비위원으로 정칠성을 비롯한 35명을 선출
했다. 건국부녀동맹은 "현 시국을 파악시켜 여자로서 나갈 길을 알
려 조선 완전 독립에 이바지"할 목적으로 11월 27일 종로 YMCA
강당에서 '부녀시국대강연회'를 개최했다. 부녀시국대강연회는 여
성운동의 역사, 여성의 지위와 정치적 임무, 가정 부인·청년·노동
부인의 실정과 임무, 교육 등 다양한 주제로 전개되었다. 이경선은
'노동 부인의 실정'이라는 주제로 강연했다. 강연 주제와 강사는 아
래와 같다.

> 여성운동의 연혁(정칠성), 부인 지위의 역사적 변천(김지한), 조선 여성의
> 정치적 임무(최옥희), 가정 부인의 외침(유금봉), 청년의 임무(신금옥), 여
> 성의 후생운동(유영준), 신시대의 교육(허하백), 우리의 요망하는 정부는
> (홍종희), 노동 부인의 실정(이경선), 부인운동의 전망(고명자)[4]

건국부녀동맹 전국대회준비위원회는 '전국부녀단체대표자대
회'를 12월 22~23일에 종로 중앙기독교청년회관 대강당에서 개최
하기로 결정했다. 이경선은 전국대회준비위원으로 대회를 준비했

이
경
선

다. 전국부녀단체대표자대회에서 건국부녀동맹은 조선부녀총동맹 (부총)으로 새롭게 조직되었다. 이 자리에서 이경선은 부총의 중앙 집행위원이자 선전부 위원으로 뽑혔다. 김명시도 부총의 선전부 위원이었으므로 함께 활동했으리라.

건국부녀동맹이 부총으로 바뀐 뒤에도 시국 강연회는 이어졌다. 부총은 1946년 1월 11일 오후 1시부터 중앙기독교청년회관에서 '부녀시국강연회'를 개최했는데 여기에 유영준, 정칠성, 허하백, 박진홍, 이계순, 이종희, 유금봉과 함께 이경선도 연사로 참가했다.[5]

또한 이경선은 경성중앙극장에서 1945년 11월 5~6일에 걸쳐 열린 '조선노동조합전국평의회 결성대회'에서 조선산업노동조사소 대표 강문석을 대신해 축문을 읽었다. 강문석은 이경선과 같은 제주도 대정 출신으로 1928년에 도쿄로 건너가 전일본노동조합전국협의회에 가입해 화학노조 상임위원으로 활동했고, 1930년에 동아통항조합을 결성했다. 1931년에 상해로 건너가 상해한인반제동맹 결성에 참가했고, 1932년에 조봉암 등과 조선공산당 재건 운동을 하다가 상해에서 체포되었다. 그런데 일본에서 항일운동을 한 사실이 들어나 평북경찰부에서 일본으로 압송되었다. 김명시, 조봉암 등이 재판장에서 함께 조선에서 재판을 받겠다고 요청했던 바로 그 사람이다. 이 사건으로 강문석은 5년 형을 선고받았다. 이경선이 강문석의 대리로 조선노동조합전국평의회(전평) 결성대회에서 축문을 읽은 것은 같은 고향 출신이기도 하지만 이경선이 일본에서 활동한 영향인 듯하다.

아무튼 이경선은 강연하고 축문을 대리로 읽는 등 상당히 언변이 뛰어났던 듯하다. 그이의 능력은 부총의 선전부원으로서 더욱 빛을 발했을 것이다. 제주4·3연구소에서 대정면을 조사하러 갔을 때 이경선을 기억하는 아무개는 이렇게 증언했다.

이경선은 대정중학교 초대 교장 이도일 씨의 딸로, 얘기를 잘해서 연단에 서면 어떤 분네는 김명시 장군보다 더 말을 잘한다고 했어요.[6]

그리고 1946년 2월에 이경선은 민주주의민족전선 중앙위원으로 선출되었다.

제주도로 돌아오다

서울에서 활동했던 이경선은 제주도로 내려갔다. 아마도 아버지 이도일이 대정중학교 초대 교장으로 임명되고, 미군정의 부총 중앙집행위원에 대한 탄압이 거세지던 때였으리라.

이도일은 대정향교에서 한학을 배우고 대정보통학교에서 신학문을 수학했다. 경기도 시흥에서 수산물 도매상을 하며 크게 성공했다. 대정 제일의 항일투사 김성숙이 가파도에 신유의숙이라는 학교를 세울 때 재정적으로 많은 도움을 주었고, 후일 신유의숙의 숙장으로 활동하면서 항일의식 고취, 민족계몽운동에 주력했으며, 모슬포를 중심으로 한 청년회 활동에도 많은 도움을 주었다.[7] 대정중학교가 설립되자 대정 유림의 추천을 받아 초대 교장이 되었다. 현 대정중학교 학교 연혁에 따르면 1946년 9월 24일에 대정공립초급중학교 3학급 인가를 받았고, 1946년 11월 8일에 대정공립초급중학교로 개교했다. 따라서 이경선이 제주도에 간 때는 아마도 1946년 11월이나 12월인 듯하다. 이후 이경선은 대정중학교에서 물리, 화학을 가르쳤다.[8]

이경선이 제주도로 돌아옴과 함께 변화된 것 중 하나는 제주도 부녀동맹의 결성이다. 제주도의 부녀동맹은 다른 지역과 다르게 늦게 결성대회를 열었다. 1947년 1월 25일에 열린 제주도부녀동맹 결성대회의 모습이다.

오랫동안 준비 태세에 있던 제주도부녀동맹 결성대회는 지난 25일 오전 11시부터 각 읍면 대의원 300여 명의 참석을 보고 일반 방청객 내빈 등으로 초만원이 된 조일구락부에서 성대히 거행되었다.

즉 김이환 씨의 개회 선언에 따라 합창단의 합창, 순국열사에 대한 추모의 묵상이 있은 다음 김이환 씨로부터 '조선의 해방은 8할 이상을 점하고 있는 무산 대중과 천오백만 여성의 해방 없이는 도저히 기할 수 없는 것임으로 우리는 이러한 조직체를 가짐으로써 이를 위하여 투쟁하여야 된다'는 개회사가 있어서 부녀동맹이 지향을 명시한 바 있었고 임시집행부 선거에 들어가 의장단으로 김이환, 고인선, 강어영 삼 씨를 선출하였는데 개회 벽두 2, 3(명) 대의원의 '명예의장에 민전 의장 허헌, 부총위원장 유영준, 북조선부총위원장 허정숙 삼 씨를 추대할 것, 전반(前般) 미인(美人) 능욕 사건의 진상을 보고하여줄 것 그리고 입법의원의 본질 설명하여달라'는 긴급 동의가 있어 김시택, 송순혁 양 씨가 각각 등단하여 이에 대한 설명 보고가 있었는데 '입의(立議)'는 절대 반대할 것, 능욕 사건에 관해서는 남선(南鮮)인민봉기 사건의 사형 선고 문제와 아울러 군정 당국에 항의문을 제출할 것 등을 결의한 다음 만뢰의 박수로서 명예의장 추대안을 가결하였다. (…) 위원장에 김이환 씨, 부위원장에 고인선·강어영 양 씨가 각각 피선되었고 고덕순을 비롯한 80여 명의 집행위원 선거가 있은 다음 토의 사항으로 들어가 조직 강화, 계몽운동, 재정 문제 등에 관하여 장시간 진지한 토의가 있은 다음 오후 5시경에 이르러 만세 삼창으로 그 막을 닫았는데 (…).[9]

위의 기사에 이경선에 대한 언급이 없지만 이경선은 제주도부녀동맹 결성에 적극적 역할을 했을 것이다. 그이의 직함이 부총 중앙집행위원이었고 조직 구성과 선전에 뛰어난 역량을 펼쳤던 것을 감안한다면 오랫동안 준비 중이었던 제주도부녀동맹 결성에 큰 힘이 되었을 터이다.

이경선은 제주도에 오래 머물지 못했다. 1947년 전국적으로

3·1절 기념집회가 있었고, 제주도 각 면에서도 3·1절 기념대회가 열렸다. 대정면 3·1기념대회는 이운방의 사회로 대정중학교 교장 이도일과 이신호의 연설로 진행되었다.[10] 대정초등학교 운동장에 6000여 명의 군중이 모였다. 3월 1일, 대정초등학교에서의 행사가 폐회를 선언한 후 중장년과 여성들은 해산하고 김달삼의 주도로 청년, 학생들로 구성된 시위 행렬이 교문으로 진출했다.[11] 제주도 전 지역에서 최대 인파가 모였던 3·1기념대회는 성공리에 치러졌지만, 그 이후 벌어진 총격 사건은 4·3으로 가는 분기점이 되었다. 그리고 이 사건을 계기로 부녀동맹 김이환, 고진희가 구금되었다가 3월 21일에 석방되었다.[12] 이운방은 10개월형을 받고 목포형무소에 복역했고, 이신호도 6개월형 언도를 받았다.[13] 1947년 하반기 제주도는 증원된 경찰과 서북청년회의 무차별 탄압으로 조직 활동을 했던 사람들뿐만 아니라 도민들까지도 편안히 살 수 없는 곳으로 변했다.[14]

이런 상황에서 부총 중앙집행위원이었고 대중중학교 교사였던 이경선은 아버지 이도일과 함께 일본으로 피신했다.

미래의 로자 룩셈부르크라 불리다

이경선은 1933년 1월에 종로경찰서 고등계에 검거되었다.

부내 종로서 고등계에서는 수일 전부터 긴장한 빛을 띄우고 형사대들이 동분서주하며 맹렬한 활동을 거듭하더니 부내 모 여학교 생도 최정애(21), 이경선(20), 임순득(19) 등을 검거하고 이어서 작 13일 오후 4시경에는 남치풍, 이연호, 임택환 등의 청년과 여학생들을 10여 명이나 검거 인치한 후 방금 극비밀리에 엄준한 취조를 거듭하는 중인데 사건의 내용은 절대 비밀에 부치나 수문한 바에 의하면 비밀결사 독서회를 조직하고 일반 학생층에다 암암리에 좌경 사상을 고취코자 한 듯하다고 한다.[15]

즉 이경선은 독서회 활동과 관련되어 종로경찰서 고등계 취조를 받았다. 이관술, 임순득, 이경선은 조선공산당 재건 관련 혐의로 종로경찰서에서 동대문경찰서로 인계되었다. 〈매일신보〉 1933년 2월 22일자 「종로서 여성, 동 서에 인계」 기사에는 이경선이 풀려났다고 보도했지만 종로경찰서장이 2월 20일에 경성지방법원 검사장에게 보낸 경종경고비(京鍾警高秘) 제1963호 「동덕여자고보생 독서회 검거의 건」에 따르면 이경선은 이관술과 함께 동대문경찰서로 인계되었다. 그런데 〈중앙일보〉 1933년 3월 22일 동덕여고보 19회 졸업생 명단에 이경선이 있고, 4월 이화여자전문학교 문과 신입생 24명 명단 가운데 동덕여고보 출신 이경선이 있다. 아마도 1933년 2월 말에 풀려난 듯하다.

이경선은 경기도 시흥군 안양리에서 태어났지만 성장한 곳은 제주도 대정면 가파도다. 아버지 이도일을 따라 고향 제주도로 들어가 신유의숙을 다녔고, 그 뒤 대정보통학교를 졸업했다. "이경선은 여권(女權)적인 공기가 높은 섬나라 제주도에서 자란 만치 보통학교 시대부터 좌익사상에 물들기 시작하여 이미 보통학교 졸업할 무렵 에는 스트라익을 지도한 일이" 있다.[16] 보통학교 다닐 때부터 남달 랐던 이경선에 관한 소개다. 그렇다면 어떤 스트라이크일까.

제주도 대정공립보통학교 3, 4학년생 약 100여 명이 선생을 배척코자 일 제히 동맹휴교를 하였다는데 원인은 지난 9일 3학년 담임선생이 열어 시 간에 생도들이 예습을 아니하고 왔으니 교수할 수 없다고 하고 사무실로 들어간 뒤 생도들은 교수하기를 간청하였으나 끝내 들어주지 아니함으 로 일제히 책보를 싸고 집으로 돌아가려는 것을 중지시키던 중 구타까지 한 일로 일시는 험악하였으나 일부 학생들은 구장, 학부형의 권유로 여 전 상학 중이며 13일에는 학부형회에서 대표를 보내어 학교 당국에 교섭 까지 하였으나 원만한 해결을 얻지 못하였다는바 당국자의 말은 이번 사 건에 구타한 일은 있으나 부상자는 없다고 부인하고 수업료 독촉은 당국 의 방침이니 어찌할 수 없는 일이라고 하더라.[17]

1927년 5월 18일자 〈동아일보〉에 실린 기사다. 대정공립보통학 교 학생들의 동맹휴학은 21일에도 이어진 듯하다. 5월 22일 기사에 는 "제주도 대정공립보통학교 제4학년 생도 일동은 동맹휴학을 하 였다는데 원인은 교장 나카무라(中村淸市) 씨와 담임 강경준 씨를 배

척하는 것이라 하며 쌍방이 자못 강경한 태도를 취한다더라."라고 전했다.[18]

　1920년대 동맹휴학의 중심은 중등학교 학생들이었지만 보통학교 학생들의 동맹휴학도 그에 못지않았다. 보통학교 동맹휴학 건수의 81퍼센트가 넘는 156건이 관공립 보통학교에 집중되었다.[19] 1920년대 후반에 일어난 보통학교 학생 동맹휴학의 다수가 교장과 교사의 폭언 및 구타, 민족 차별적 인격 모독 등에서 비롯되었다.[20] 대정공립보통학교 학생들의 동맹휴학도 교장과 교사의 폭언 및 구타에서 일어났던 것이다. 그리고 이경선이 이 사건의 중심에 있었다.

　여하튼 이경선은 대정공립보통학교를 졸업한 뒤 동덕여자고등보통학교에 입학했다. 아마도 이는 아버지의 영향이 컸으리라. 보통학교 때부터 활달했던 이경선은 동덕여고보에 다닐 때도 변함없었다. 학급 자치회에서 활동했던 그녀는 1931년 동덕여고보 동맹휴학 사건 때 자치회 선배들과 교류했다. 1931년 6월 5일 밤에는 4학년 김운라·박진홍, 3학년 이경선, 2학년 김영원이 동덕여고보 교사였던 이관술의 방에서 모였다.[21] 동덕여고보 학생들의 동맹휴학은 한 달 동안 이어졌다. 이후 3학년 담임인 이관술이 사직서를 제출했고 동맹휴학 주동자로 4학년 박진홍과 김운라는 퇴학당했다. 그 뒤 이관술은 독서회를 만들었고, 여기에 자치회에서 활동했던 학생들이 결합했다. 1932년 10월에 동덕여고보 학생 이경선, 임순득, 김영

이경선

이경선

원, 박인순 4명은 경성부 가회동 177번지 이경선의 집에 모여 사회과학 연구를 목적으로 한 교내 학생 독서회를 조직했다.[22] 독서회는 각자 책을 읽고 의견을 교환하는 방식으로 이루어졌으며, 이해가 어려운 부분은 이관술의 도움을 받았다. 독서회에서 읽은 책은 『자본주의 계략』, 『지금 세상의 가운데』, 『임노동과 자본』 등이었다.

이경선은 1932년 12월 말에 임순득의 오빠 임택재, 기독학관 황재룡 등과 함께 사회과학 연구 및 공산주의 선전을 목적으로 하는 독서회를 조직하여 매주 2회씩 모였는데, 1933년 1월 13일에 함께 검거되었다.[23]

〈조선중앙일보〉 기사에는 활발하고 열정적으로 활동했던 이경선을 이렇게 소개했다.

경성에 와서는 부내 가회동 부근에 기숙을 하고 동덕여학교를 재학하는 일방(한편) 남녀 학생에 좌익 '판푸렛(팸플릿)'을 나누어 주며 '애지푸로(아지프로)'를 하기에 발분망식(發憤忘食)의 활약을 한 여자로서 한때에 경성 안 좌익 학생 간에서는 이경선의 별명을 '폴쉬비끼(볼셰비키)'라고 불러 좌익 남녀 학생으로서 이 폴쉬비끼의 별명을 모르는 이가 없을 만치 되어 실로 미래의 '로사 룩셈부룩(로자 룩셈부르크)'이 될 소질을 풍부히 소유하고 있었다 한다.[24]

독서회 지도와 반제동맹

종로경찰서 고등계에서는 1933년 12월에 독서회 사건을 취조했고, 이경선도 피검 대상이었다.

부내 종로서 고등계에서는 얼마 전에 부내 수송동 숙명여고보 맹휴 사건의 주모자로 동교 4년생인 신진순을 검거하고 엄중한 취조를 한 결과 지난 9월경부터 부내 각 여학교 생도들을 망라하여 적색독서회를 조직한 사실이 판명되어 수일 전에는 동교생 김주원, 용복남 등을 검거하고 준열한 취조를 계속하는 중인데 금번 사건에 관련되어 여러 차례 경찰에 피검되었던 동덕여고생 이경선으로 판명되었는바 이경선은 동지가 경찰에 피검되자 어디로인지 자취를 감추고 말았음으로 방금 동 서에서는 그의 소재를 엄탐 중이라고 한다.[25]

숙명여고보 동맹휴학 사건의 배후로 이경선이 지목되었다. 이경선은 이화여자전문학교를 자퇴한 뒤 서울 지역 여자고등보통학교 학생들을 중심으로 독서회를 조직했다. 고등보통학교에 독서회가 출현한 때는 대체로 1920년대 중반부터였다. 독서회는 학생운동의 기초이자 중심이었다. 독서회는 학생들이 일제의 교육정책에 대항하는 보루였으며 학교 연합으로 구성된 비밀결사단체의 기본 단위였다.[26] 독서회는 졸업한 선배와 학교 밖의 사회주의자와 연결되면서 더 확장되었다. 그리고 이 조직이 바탕이 되어 학생운동이 일어났다. 1930년대 학생 독서회원들은 같은 지역 안에서 비슷한 목적을 수행하는 단체들과 연계 투쟁을 전개했다.

'경성트로이카' 시기 반제동맹은 학생 부문에서 가장 활발하게 조직되었다. 경성트로이카 시기는 이재유 그룹의 운동 방식에서 분류된 것이다. 즉 이재유 그룹의 운동은 경성트로이카(1933년 8월~1934년 1월), 경성재건그룹(1934년 4월~1935년 1월), 조선공산당재건 경성준비그룹(1935년 1월~1936년 12월) 시기로 나뉜다.[27] 이재유는 법정에서 트로이카란 그 자체로서는 조직체가 아니라 동지와의 연락 관계이며 앞으로 단체로 발전시킬 계획이었다고 말했다.[28] 다른 운동 노선의 활동가들과 함께 투쟁하면서 트로이카를 형성하고, 트로이카를 활발하게 움직이면서 당 재건의 토대를 마련하려 한 것이다.[29]

학생층 조직은 최소복, 이인행, 변우식, 이경선 등이 중심이 되었다. 이재유는 이순금을 통해 최소복, 변우식, 이경선을 운동에 끌어들였다. 이순금은 이관술의 동생이자 동덕여고보 선배였다. 따라서 이경선은 이순금의 소개로 자연스럽게 이재유를 만났다. 이재유가 직접 지도했던 이경선은 숙명여고보와 동덕여고보 등 여학교를 맡았다. 이경선은 1933년에 동덕여고보를 졸업했지만, 자치회와 독서회 활동을 했던 임순득과 김영원이 남아 있었다. 숙명여고보에는 이경선과 같이 제주도 출신인 친구 김주원이 있었다.[30] 이경선은 김주원의 소개로 숙명여고보에 독서회를 결성했다. 독서회 운영은 동덕여고보에서 이관술이 했던 방식과 비슷했다. 이경선이 이끌었던 숙명여고보 독서회에 대한 기사 내용이다.

숙명여자고등보통학교 학생을 중심으로 사회과학 연구의 독서회가 있는 것을 소관 종로경찰서 고등계에서 탐지하고 얼마 전부터 동교 4학년생 신순남(신진순), 3학년생 김주경(김주원), 박봉희(방봉근) 등 3명을 검거 취조한 결과 (…) 이임선(이경선)을 수반으로 (…) 조직하고 매주 2회, 3회씩 회합하여 『자본주의의 계략』에 관한 서적을 윤독하고, 또 교원 상호 간 관계 및 사회 관계, 학교 내 특수 교육정책 등을 연구하는 (…).[31]

경성트로이카 학생부는 이들 독서회를 기반으로 고등보통학교 동맹휴학을 조직하고자 했다.

이재유 그룹이 지도한 고등보통학교 동맹휴학[32]

학교	맹휴 시기	내용	지도
조선중앙기독교청년학교	1933. 6.	교원 배척	책임 : 최소복
동덕여자고등보통학교	1933. 6.	교원 배척	교내 : 김재선, 김영원 교외 : 이경선
숙명여자고등보통학교	1933. 11.	학생들의 불평불만을 투쟁으로 이끌기 위해 사전 조직해 요구 조건 제출	교내 : 신진순, 김주원 교외 : 이경선
중앙고등보통학교	1933. 11.	교원 배척	교내 : 한동정 책임 : 최소복
배제고등보통학교	1933. 12.	학생들이 맹휴를 단행할 기세가 있자 확대 기도	교내 : 변우식 책임 : 최소복
경성여자상업학교	1934. 1.	교원 배척	교내 : 심계월, 이분성, 차소영, 박은 교외 : 정태식 책임 : 최소복

조선중앙기독교청년학교, 동덕여고보, 숙명여고보, 중앙고보, 배제고보, 경성여자상업학교 등에서 1933년 6월부터 1934년 1월까지 동맹휴학의 움직임이 있었다. 여기에서는 이경선이 조직한 독서회를 중심으로 동맹휴학 과정을 살펴보자.

동덕여고보 4학년 임순득과 김영원은 학급 자치회를 다시 결성하려 했다. 이에 동덕여고보는 두 학생을 퇴학시켰다. 7월 3일 조회 시간에 임순득과 김영원은 자신들의 퇴학 사실을 밝혔다.[33] 4학년 학생들은 "학교 당국의 처사가 너무나 가혹하다 하여 동맹휴학을 하려" 했고, "학교 당국에서는 3일 휴교를 선언하고 1, 2, 3학년 생도 전부를 집으로 돌려보낸 뒤 4년 생도들의 행동 여하를 감시"했다.[34] 5일에 4학년 학생들은 지리, 재봉, 영어 강사의 배척과 퇴학 처분당한 임순득과 김영원의 복교를 담은 진정서를 교무 당국에 제출하고 동맹휴학을 선언했다. 학교 당국은 학생들의 요구 조건은 조금도 받아들일 수 없고 6일까지 학부형과 함께 등교하지 않으면 처분하겠다고 통고했다.[35] 결국 두 학생은 퇴학당했고, 이 과정에서 이들에 동조했던 학생들은 정학 처분을 받았다.

숙명여고보 독서회는 동맹휴학을 준비하다가 경찰에 발각되어 조사를 받았다.

부내 종로서 고등계에서는 19일 오후 10시경 부내 숙명여고 생도 10여 명을 검거한 후 엄중한 취조를 거듭하는 중인데 사건의 내용인즉 동교 3, 4년 생도 일부가 모여 교원배척운동으로 맹휴를 하고자 주모자 10여 명이 작 일요일을 기회로 하여 부내 모처에 회합하여 그 방침을 토의하여 진정서와 기타 요구 조건 등을 작성하여 금 12일 월요일을 기하여 전교생에게 선동을 하려던 사실이 미연에 발각된 것이라는데 작전 계획으로 4년생 5명은 4, 5일 전부터 학교 기숙사에 들어가 기숙사 생도들에게 선

생의 비행을 말하는 등 가진 방법으로 동맹휴학을 꾀하고 있었다.[36]

다음 날 숙명여고보 학생 10여 명은 석방되었지만 독서회를 운영했던 신진순·김주원·방봉근은 계속 취조를 받았고, 이들을 지도했던 이가 이경선임이 밝혀졌다. 학생 동맹휴학 사건은 1920년대 이어 1930년대 초반에도 끊임없이 일어났다. 이에 각 지역 경찰서 고등계는 학생들을 감시, 사찰했다. 그리고 학무 당국은 숙명여고보, 중앙고보를 비롯한 '각 학교의 동요 맹휴에 대해 엄중 사찰을 태만히 한 것'에 대해 문제를 제기하며 학교 당국과 협력해 강압할 것이라고 강조했다.[37]

조선공산당재건동맹
─ 혁명적 노동조합의 조직

이경선이 다시 신문에 이름이 나온 것은 '조선공산당재건동맹' 사건 때문이었다.

이경선은 동덕여자고등보통학교 시대에 이미 동창인 이순금과 좌익 전선의 전초병으로 생사를 같이하자는 것을 맹세하고 교내 ×쟁의 역력한 발자취를 낸 것은 물론 또한 동교 선생 이관술을 리더로 하여 경성 내의

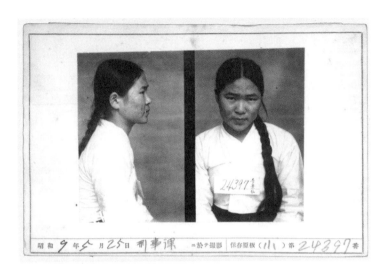

이경선

남녀 학생을 망라하여 '알에스(독서회)'를 조직한 다음 지하 공작의 뿌리를 깊이 뻗어 나가게 하다가 마침내 날카로운 검찰의 눈에 발견되어 그의 적색그룹의 관계자 전부가 부내 종로서에서 준엄한 취조를 받고 이경선과 이순금은 무사히 빠져나와 다시 이 조선공산당재건동맹 조직에 있어서 학생층과 여공층의 '올그(조직)' 책임자로 있으면서 이경선은 영등포 모 공장, 이순금은 동대문 밖 모 직물 공장 여공으로 각각 잠입하여 일상 '캄파(대중투쟁)'를 통해서 수개 처의 '야체이카'를 결성한 후 조직적으로 활동을 하여오다가 그같이 검거된 것으로 그들은 감방에 있어서도 가장 ×쟁적 행동을 뵈이고 있다 한다.[38]

조선공산당재건동맹 사건 관련자들이 법정에 향하는 모습과 방청하러 온 가족들

1935년 8월 24일에 3년 동안 게재 금지로 묶여 있던 사건이 오전 12시에 해금되어 언론에 보도되었다. 이 사건은 서대문경찰서의 검거로 시작되었으며 경기도 경찰부가 총본부가 되어 경기도를 비롯한 평안남도, 강원도 등 8개 도에 걸쳐 1933년 9월 25일부터 1934년 7월까지 총 428명이 검거, 110명이 송국되었다. 이는 적색노동조합, 적색농민조합, 학생적색독서회, 반제동맹, 북경 레닌주의정치학교 졸업생, 전국평의회 산업별적색노동조합 등 7대 비밀

결사가 조직되어 조선공산당을 재건하려고 했다고 신문에 발표되었다.[39] 경무국에서 발표한 사건은 다음과 같다.

이재유는 제4차 조선공산당 사건으로 검거되어 소화 7년(1932년) 12월 출옥하였으나 하등 개전의 정(情)이 없이 출옥하자 구(舊) 동지와 좌익 청년의 규합에 분주하고 (…) 소화 8년(1933년) 7월경부터 이현상, 변홍대, 이순금 등도 공히 적색노동조합의 조직에 분주하고 소화제사, 서울호모, 조선견직물, 종방 공장 등에 계속 발생한 쟁의를 선동하여 직공의 획득에 노력하고 영등포의 공장노동자에 대한 적극적 활동을 기획(하였다).[40]

조선공산당재건동맹 사건 관계자들은 일곱 차례에 나눠 송국됐다. 1934년 12월 7일 경성제대 교수 미야케 시카노스케(三宅鹿之助)에 관한 분리 공판을 경성지방법원에서 개정한 것을 비롯해 제2차로는 강릉 중심의 권인갑 등 15명에 관한 공판이 1935년 7월 10일에 있었고, 제3차로는 8월 6일 최선규 등 9명의 공판이 있었으며, 제4차로 1935년 11월 22일 경성 중심의 권영태 등 34명의 공판이 개정되었다.[41] 산업별 적색노조 관계자 권영태 등 34명의 예심은 8월 8일에 종결되었는데 관련 서류가 1만 매를 넘어 한 번에 읽기도 어려워 공판이 개정되기까지 3개월이 걸렸다.

조선공산당재건동맹 사건 중 권영태 등 34명에 관한 제1회 공판은 1935년 11월 22일 오전 9시 55분부터 경성지방법원 대법정

이경선

에서 개정되었다. 당일 피고 34명은 개정 시각보다 앞서 서대문형무소 전용 자동차 세 대로 다섯 차례에 걸쳐 법정에 출두했다. 오랜 미결감 생활로 안색은 모두 창백했으나 전부 건강했다. 이날 출정한 이들은 "권영태, 정태식, 한육홍, 김대용, 김진성, 안병윤, 김희진, 안종서, 최경옥, 박정두, 이원봉(여), 서승석, 허균(여), 이명신, 안병춘, 이병기, 이현상, 안삼원, 최소복, 이순금(여), 변우식, 이경선(여), 남만희, 정칠성, 임택재, 정용산, 이성출, 이백만, 심승문, 김상룡, 최영창, 변홍대, 박수창, 김원경" 등이었다.[42] 이는 1935년 8월 신문 보도에 따른 내용이다.

이경선의 활동을 중심으로 다시 거슬러 가보자. 이경선은 1933년에 이화여자전문학교 문학부에 입학했지만 학교 생활에는 뜻을 두지 않았다. 그녀는 동덕여고보 독서회 경험을 살려서 경성트로이카 반제동맹 학생부 활동을 했다. 즉 동덕여고보와 숙명여고보 교외 독서회를 운영했다. 1933년 11월에 숙명여고보 동맹휴학이 사전에 발각돼 이경선은 더 이상 독서회를 운영할 수 없었다.

경성트로이카는 1933년 9개 공장에서 연이은 파업을 주동했다. 경성트로이카 산업별 혁명적 노동조합은 이재유, 정칠성, 권오상, 안병춘, 변홍대, 이현상, 이순금 등이 책임 또는 지원했다. 이순금은 1933년 10월에 이재유에게 소개했던 이경선과 함께 영등포 지역 공장에서 활동했다. 경기도지사가 경무국장에게 보낸 문건에 따르면 이순금은 "1933년 2월 반제동맹 사건에 관계하여 검거 송치

되어 기소유예 처분에 부쳐졌으나, 그 뒤 조금도 반성의 마음 없이 범죄의 뜻을 계속하며 조선의 공산화를 꾀해 이재유, 안병춘, 이경선 등 공산혁명분자와 연락하며 실천운동에 암약하고 있다."라고 보고했듯이[43] 이경선과 연락했던 것이다. 영등포 지역 책임자인 안병춘은 이경선, 이순금과 함께 1933년 9월부터 1934년 1월까지 함께 모였다.

> 피고인 안병춘이 소화 8년(1933년) 9월 중순경부터 소화 9년(1934년) 1월 20일경까지 경성부 사직동 61번지 기타 등지에서 수회에 긍(亘)하여 공산주의자 ○○○ 피고인 이순금, 이경선 등과 회합하여 조선에 공산제도를 실시할 것을 목적으로 하여 그 실행에 관하여 협의한 점에 대하여는 공판에 회부하기에 충분한 범죄의 혐의가 없으나 (…).[44]

즉 이경선은 경성트로이카 반제동맹 학생부에서, 그리고 영등포 지역에서도 활동했던 것이다. 그런데 독서회 사건이 발각되자 이경선은 더 이상 서울에서 활동할 수 없었다. 1933년 말에 직접 안양에 있는 조선직물주식회사에 공장노동자로 들어갔다. 이곳에서 이경선은 공장노동자를 규합했으며 독서회를 조직했다. 직물 공장에서 활동을 하던 중 1934년 2월 21일에 검거되었다. 경성트로이카 활동가들은 공장 지대나 노동자들이 모여 있는 곳에 파고들어 생산 현장에서 노동하면서 활동 거점을 만들고 공장과 주변 노동자들을

이
경
선

끌어들였다.[45] 이경선이 공장에 들어간 까닭은 경성트로이카 활동가들의 운동 방식에 따른 것이다.

구금 생활 2년 만에 서대문형무소를 나와서

이경선은 조선공산당재건동맹 사건의 권영태 등 34명에 관한 치안유지법 위반 공판에서 집행유예 판결을 받았다. 그리고 1935년 12월 20일 오후 7시 30분에 서대문형무소에서 출감했다. 구금 생활 2년 만이었다.

서대문형무소에서 출감한 이경선이 다시 경찰에 체포된 것은 1941년이다. 그런데 조선이 아니라 고베(神戶)시의 효고현(兵庫縣)에서였다. 1941년 12월 9일에 비상 조치로서 검거되었고 치안유지법 위반으로 기소되었다. 그리고 1942년 10월 23일에 고베지방재판소에서 징역 1년 6개월 언도를 받았다.[46] 이에 이경선은 불복 상고를 신청했다.

이때의 신분은 고베약학전문학교(神戶藥學專門學校) 학생이었다. 이경선은 출감한 뒤 고베약학전문학교에 들어갔는데, 이는 아마도 부모의 역할이 컸으리라. 「성대(城大) 교수 미야케 시카노스케(三宅鹿之助)를 중심으로 한 선내(鮮內) 적화공작 사건 검거에 관한 건」 문서에 따르면 아버지 이도일은 청년운동에, 어머니 김응주는 부인운동을 했다고 한다. 이들 부부는 딸에게 다시 한번 학업의 기회를 마련해주었던 것이다. 명석했던 이경선은 어렵지 않게 일본 약학전문학교에 들어갔다. 어린 시절 함께 지냈던 이 아무개 씨는 이경선을 이렇게 기억한다.

이경선, 그이가 약대를 나왔습니다. 서울에서 여고를 졸업했지요. 신유의숙에서 우리와 같이 3~4년 공부했으니까 잘 알지요. 같은 학년이었습니다. 여성이었지만 신체도 좋고 이야기도 걸걸하게 해서 남성적이었습니다. 그 당시 제주도에서는 이경선 씨 만한 여성이 없었습니다. 여자 중에 왕이었지요. 그 시절에 그만큼 학식을 갖고 그만큼 활동을 한 사람도 없을 겁니다.[47]

일본에서 공부하면서도 이경선의 항일운동은 그치지 않았다. 일본 내무성 경보국 보안과에서 발간한 1943년 4월 「특고월보(特高月報)」에는 이경선 검거 이유가 이렇게 설명되어 있다.

피의자 이경선은 조선 독립을 희구하고 현하의 일본제국은 지나사변(중일전쟁)에 의한 국력을 소모하고 있고 일미전쟁(태평양전쟁)의 발발을 보건데 일본제국은 경제적으로 파탄하고 지나(중국) 방면보다 패퇴하게 이르고 수습하지 못하고 혼란에 빠질 것이고 이에 조선 민족이 일제히 봉기하면 일본 통치를 이탈하고 독립국가를 건설한다고 망단하고 이의 목

이
경
선

적 달성을 위해서 대중의 의식을 앙양시키기 공동으로 동지를 획득하기 위해 암약해 오오야마(大山) 외 수 명에 대해서 운동 참가를 종용하고 오오야마(大山秀邦)를 동지로 획득한 후 양자에 대해 본 운동을 위해 분주하게 움직였다.[48]

1914	· 경기도 시흥군 안양리 출생
1923~ 1925(?)	· 어린 시절 제주도 대정면 가파리에서 생활 · 가파리의 신유의숙 다님
1926~ 1928(?)	· 제주도 대정보통학교 입학과 졸업
1929	· 동덕여자고등보통학교 입학
1932	· 이관술의 지도 아래 독서회 활동
1933	· 1월 종로경찰서에 검거 · 3월 동덕여고보 졸업 · 4월 이화여자전문학교 문과 입학 · 10월부터 경성트로이카 반제동맹 활동의 일환으로 독서회 운영, 영등포 지역에서 활동
1934	· 안양, 조선직물주식회사로 취직 · 2월에 검거
1935	· 12월 경성지법에서 징역 1년 6월, 집행유예 3년을 선고 · 12월 20일 서대문형무소 출감
1937	· 일본 고베여자약학전문대학 재학
1941	· 일본 고베경찰서에 검거
1942	· 일본 고베지방재판소에서 1년 6월 언도
1945	· 조선부녀단체대표자대회 소집준비위원회 준비위원
1946	· 2월 민주주의민족전선 중앙위원 · 조선부녀총동맹 중앙집행위원
1947	· 제주도 대정중학교 교사 · 일본으로 밀항

1 우봉운 : 억압과 멸시와 굴종에서 단연히 튀어 나오라!

1 「죽기를 기(期)하고 통일 독립 위해 나가겠다, 자주여맹 우봉운」, 〈조선중앙일보〉 1948년 3월 14일.

2 「전국여성연맹 집행위원 선정」, 〈한성일보〉 1946년 11월 21일 ; 〈조선일보〉에는 재정위원으로 보도되었다.

3 「입의에 여성도 참가, 여성단체총련에서 진정」, 〈동아일보〉 1946년 11월 22일.

4 우봉운이 불교부인총동맹 위원장으로 보도되었다(〈여성신문〉 1947년 5월 10일) ; "해방 후 불교혁신총연맹에 가담한 여성 불교단체가 있었는데 불교여성총동맹과 선우부인회였다. 선우부인회는 일제하 선학원에 있었던 선우부인회의 후신으로, 선우부인회가 총연맹에 가담한 것은 선학원이 총연맹에 가담하였기에 함께 참여"했다(김광식, 「불광연구원 '우바이' 세미나―2. 근·현대 여성불교운동 단체와 주역」, 〈법보신문〉 2017년 12월 12일). 우봉운이 전시체제기에 선학원에서 생활했는데 해방 후에도 여기에서 활동했을 것이다. 따라서 불교여성총동맹과 선우부인회가 합동하는 과정에서 불교부인총동맹이라는 명칭이 사용되었을 것이다.

5 「네 여성단체는 통일전선 결성」, 〈우리신문〉 1948년 3월 20일.

6 「조국의 수호를 위해 우리들 애국 여성은 싸우겠다」, 〈독립신보〉 1948년 3월 31일.

7 「강행된 5·10선거는 인민자유를 압살―자주여맹」, 〈우리신문〉 1948년 5월 16일.

8 「여성운동의 전위들 : 전 신간회 경성지회 위원, 우봉운 씨」, 『신가정』 제1권 4호, 1933, 55~56쪽(아단문고 기획실, 『아단문고 미공개 자료 총서 2014』 2권, 소명출판, 2014).

9 「여교 졸업」, 〈황성신문〉 1910년 6월 19일.

10 우봉운, 「청춘을 앗기는 가인애사(佳人哀詞) : 신로심불로(身老心不老)」, 『삼천리』 제7권 제3호, 1935, 107쪽.

11 윤병석, 『한국독립운동의 역사 16 : 1910년대 국외항일운동 1─만주 러시아』, 독립기념관 한국독립운동사연구소, 2009, 59쪽.

12 우봉운, 앞의 글, 107쪽.

13 김병기·반병률, 『한국독립운동의 역사 21 : 국외 3·1운동』, 독립기념관 한국독립운동사연구소, 2009, 201~202쪽.

14 반병률, 「러시아 연해주 지역 항일여성운동 1909~1920」, 『역사문화연구』 제23집, 2005, 112쪽.

15 김희곤, 『한국독립운동의 역사 23 : 대한민국임시정부 1─상해 시기』, 독립기념관 한국독립운동사연구소, 2008, 147쪽.

16 김희곤, 위의 책, 147~148쪽.

17 반병률, 앞의 논문, 116쪽.

18 반병률, 『한국독립운동의 역사 49 : 1920년대 전반 만주 러시아 지역 항일무장투쟁』, 독립기념관 한국독립운동사연구소, 2009, 49쪽.

19 반병률, 위의 책, 49쪽.

20 황민호·홍선표, 『한국독립운동의 역사 22 : 3·1운동 직후 무장투쟁과 외교 활동』, 독립기념관 한국독립운동사연구소, 2008, 30쪽.

21 황민호·홍선표, 위의 책, 32쪽.

22 황민호·홍선표, 위의 책, 33쪽.

23 독립운동사편찬위원회 편, 『독립운동사』 7, 1976, 299쪽.

24 최계립, 「간도 15만원 사건에 대한 40주년을 맞으면서」, 『해외의 한국독립운동사료(XII) : 러시아편② 독립군의 수기』, 국가보훈처(공훈전자사료관).

25 「중령에서 진행된 조선해방운동(1907년~1919년 3·1운동 전후)」, 『독립운동가 자료 : 이인섭 수기류』, 1-012254-111(독립기념관).

26 『조선불교』 제12호, 1925년 4월 11일(김광식, 「조선불교여자청년회의 창립과 변천」, 『한국근현대사연구』 제7집, 1997, 101쪽에서 재인용).

27 「불교부인회 총회, 사업으로는 여자청년회를 설립하고 강연부를 둔다고」, 〈매일신보〉 1921년 4월 27일.

28 「집회 : 불교 유학생 강연회」, 〈매일신보〉 1922년 3월 28일.

29 관상자, 「명남명녀 숨은 장끼 세모 여흥경기대회」, 『별건곤』 제10호, 1927, 132쪽.

30 「집회 : 불교 학생 강연회」, 〈매일신보〉 1922년 4월 24일.

31 「장성 백양사 강연」, 〈매일신보〉 1922년 5월 11일.

32 「모임」, 〈동아일보〉 1923년 8월 26일 ; 우란분재는 음력 7월 15일에 행하는 불교 행사이다.

33 「가정부녀의 배울 곳(2)」, 〈동아일보〉, 1925년 3월 23일.

34 「여성운동의 전위들 : 전 신간회 경성지회 위원, 우봉운 씨」, 55~56쪽

35 「청년당대회 준비, 임박하여 오는 3월 24일 준비위원회를 조직하고 진행, 각지 청년단체의 참가 답지」, 〈매일신보〉, 1923년 2월 24일.

36 우봉운, 「전위 투사도 애인을 가질 것이냐 : 애인을 거부」, 『만국부인』 제1호, 1932, 6쪽.

37 김약수, 「재옥 거두의 최근 서한집 : 김약수로부터」, 『삼천리』 제9호. 1930, 17쪽.

38 우봉운, 「남성에 대한 선전포고, 각계 신구 여성의 기염 2 : 내용 없는 우월감, 가두로 진출 반항」, 〈동아일보〉, 1932년 1월 2일.

39 우봉운, 「회원으로서의 희망 : 여성 각자의 의식적 동원에서」, 『근우』 제1권 1호, 1929, 57~58쪽(『아단문고 미공개 자료 총서 2014』 18권).

40 「여성동우회 발기회 미구(未久)에」, 〈동아일보〉 1924년 5월 5일.

41 「경성여자청년동맹 경계 중 창립」, 〈동아일보〉 1925년 1월 23일.

42 「근우회 군위지회 설립」, 〈중외일보〉, 1928년 3월 28일.

43 「밀양 근우 간친회」, 〈동아일보〉, 1928년 5월 2일.

44 「지방 인사 소식」, 〈동아일보〉, 1928년 6월 24일.

45 삼천리 편집부, 「여성해방운동의 전위단체의 근황(1) ― 근우회」, 『삼천리』 제3권 제11호, 1931, 101쪽.

46 삼천리 편집부, 위의 글, 101쪽.

47 우봉운, 「1931년의 총결산, 과거 1년간의 조선 여성운동」, 『동광』 제28호, 1931, 13~14쪽.

48 「우봉운 여사 권유원」, 『삼천리』 제7권 제1호, 1935, 124쪽.

49 「남녀 교원 면직으로 학생들이 동맹휴학 불행이 거듭하는 계산학교」, 〈매일신보〉 1926년 5월 9일.

50 우봉운, 「전위 투사도 애인을 가질 것이냐 : 애인을 거부」, 『만국부인』 제1호, 1932, 6쪽.

51 여인 편집부, 「산아 제한에 대한 독자의 의견」, 『여인』 제1권 제4호(9월호), 1932, 40쪽.(『아단문고 미공개 자료 총서 2014』 25권).

52 「삼대 여성이 본 문화 반세기」, 〈동아일보〉 1939년 1월 1일.

53 초사, 「경성 독신 여성 합숙소 풍경」, 『삼천리』 제13호, 1931, 48~49쪽.

54 삼천리 편집부, 「최근의 인사」, 『삼천리』 제7권 제8호, 1935, 77쪽.

55 김남수, 「부인선우회 활동과 해방공간 여성 불교운동의 선구자, 우봉운」, 〈불교포커스〉 2012년 8월 3일.

56 우봉운, 「옥중 로맨스 : 보내주는 반가운 마음」, 『삼천리』 제4권 제10호, 1932, 40쪽.

57 우봉운, 「오호 동지 : 여류 운동가 박원희 군―최후의 병석을 추억하며」, 『삼천리』 제7호, 1930, 36쪽.

58 우봉운, 위의 글, 35~36쪽.

59 「삼대 여성이 본 문화 반세기」, 〈동아일보〉 1939년 1월 1, 3일.

60 우봉운, 「러부렛타의 고백 : 여학생 시대에 변소에서」, 『삼천리』 제9호, 1930, 64쪽

61 우봉운, 「이민족과의 결혼 시비 : 정책적 결혼만 배격」, 『삼천리』 제3권 제9호, 1931, 29쪽.

62 우봉운, 위의 글, 29쪽.

63 홍상표, 「이동휘 선생과 제휴」, 『간도독립운동소사』, 한광중고등학교출판부, 1966, 19쪽, 독립기념관(9-LH0017-000).

64 「염세주의인가」, 〈한인신보〉 1918년 1월 13일.

65 김광식,「조선불교청년회의 사적 고찰」,『한국불교학』제19호, 1994, 108쪽.

66 김광식, 위의 글, 109쪽.

67 「일요 강화」,〈동아일보〉1928년 12월 2일.

68 「불교수좌대회」,〈동아일보〉1935년 3월 13일.

69 「본사 주최 전조선학생전 입상자를 찾아서(2)」,〈동아일보〉1930년 10월 7일.

70 「미전 초입선 영예를 얻은 예원의 군재 '가로'의 작자 기의벽 군」,〈동아일보〉1931
    년 5월 30일.

71 「제10회 미전평(7)」,〈매일신보〉1931년 6월 2일.

2   김명시 : 동아시아를 무대로 일제에 총을 겨눈 투사

1 「김명시 자살」,〈경향신문〉1949년 10월 11일.

2 「치안 염려 없다, 내무장관과 기자회견 담」,〈경향신문〉1949년 10월 14일.

3 양한모,「전환기의 내막(66)」,〈조선일보〉1981년 4월 10일 ; 이 기사에서 양한모
   는 자신의 전향으로 남로당 서울시당 지도부의 전향을 이끌어냈다고 소개하고 있
   고, 특히 사상검사로 유명했던 오제도를 생명을 같이한 동지라고 표현했다. 즉 남
   로당 전 서울시당 부위원장인 양한모가 서울시경찰국 경위로 일할 수 있도록 오
   제도가 적극 지원했던 것이다.

4 오제도,『사상검사의 수기』, 창신문화사, 1957, 28~29쪽.

5 김득중,「한국전쟁 전후 육군 방첩대(CIC)의 조직과 활동」,『전쟁 속의 또 다른 전
   쟁』, 선인, 2011, 64쪽.

6 김득중, 위의 글, 65쪽.

7 국회사무처,「국무위원에 대한 질문」,『국회회의록 제5회-제15호』1949년 10월
   7일.

8 「여류 혁명가를 찾아서 : 21년간 투쟁 생활, 태중에도 감옥살이 ─김명시 여사편」,

〈독립신보〉 1946년 11월 21일.

9 「해외 투쟁의 혈극사, 화북서 온 여투사 김명시 회견기」, 〈해방일보〉 1945년 12월 28일.

10 서명훈, 「조선의용군 3지대의 탄생과 활동」, 『조선의용군 3지대』, 흑룡강조선민족 출판사, 1987(염인호, 『한국독립운동의 역사 53 : 조선의용대 조선의용군』, 독립 기념관 한국독립운동사연구소, 2009, 322쪽 재인용).

11 「여성의 해방 없이 민족해방은 불능—부녀동맹 결성대회 제2일」, 〈신조선보〉 1945년 12월 24일.

12 「인신매매금지령은 공염불, 공창제도를 근본 철폐하라」, 〈현대일보〉 1946년 6월 24일.

13 「사설 : 공창제도철폐령의 공포」, 〈동아일보〉 1946년 5월 27일.

14 「사설 : 공창 폐지의 쾌거」, 〈조선인민보〉, 1946년 5월 27일.

15 〈한성일보〉, 1946년 5월 29일 ; 〈조선인민보〉, 1946년 5월 29일.

16 「창기는 그 후 어찌 되었나」, 〈중외신보〉, 1946년 7월 12일.

17 김준엽·김창순, 『한국 공산주의운동사 5』, 청계연구소, 1986, 362쪽.

18 우동수, 「조선공산당 재건운동과 코민테른—동방노력자공산대학 졸업자들의 활동을 중심으로」, 『일제하 사회주의운동사』, 한국역사연구회, 한길사, 1991, 577쪽.

19 「공산대학 출신으로 반제동맹 부인부장 밀사로 들어왔다 피체, 김명시의 내력」, 〈매일신보〉 1932년 8월 29일.

20 「단일공당재건사건 예심결정서 전문(2)」, 〈동아일보〉 1933년 6월 4일 ; 「조봉암 김명시 등 예심결정서 전문(6)」, 〈조선일보〉 1933년 6월 5일.

21 「적색기념 당일 8월 1일의 상해시」, 〈조선일보〉 1929년 8월 1일.

22 「상해여자구락부 제2차 대회 성황」, 〈조선일보〉 1929년 8월 17일.

23 「합이빈 일총영관 습격은 전부 조선인」, 〈조선일보〉 1930년 5월 4일.

24 「단일공당재건사건 예심결정서 전문(3)」, 〈동아일보〉 1933년 6월 5일.

25 최규진, 『한국독립운동의 역사 44 : 조선공산당 재건운동』, 독립기념관 한국독립 운동사연구소, 2009, 100~110쪽.

26 「중국공당과 제휴코 조공 재건을 획책, 상해본부의 밀령 밧고 잠입한 여당원 김명
시 가담」, 〈매일신보〉 1933년 2월 25일.

27 「조봉암 등 17명 예심종결결정서, 그 전문은 여좌하다(3)~(4)」, 〈조선중앙일보〉
1933년 6월 6일, 6월 7일 ; 「단일공당재건사건 예심결정서 전문(3)」, 〈동아일보〉
1933년 6월 5일 ; 「조봉암 김명시 등 예심결정서 전문(3)」, 〈조선일보〉 1933년 6
월 6일.

28 최규진, 앞의 책, 110쪽.

29 「김찬 사건과 합동을 심리」, 〈동아일보〉 1933년 3월 5일.

30 「공산의 요인 김명시 위중」, 〈조선일보〉 1932년 12월 13일.

31 「공산재건사건 김명시 발병」, 〈동아일보〉 1933년 2월 2일.

32 「조봉암 등의 공판 개정 후 곳 연기 선언」, 〈조선중앙일보〉 1933년 9월 26일 ; 「김
명시부터 심리 개시」, 〈동아일보〉 1933년 9월 26일.

33 「조선공당재건사건 조봉암 등의 공판 신의주지방법원에서 금일 개정, 출정 피고
16명」, 〈매일신보〉 1933년 11월 15일.

34 강문석은 일본공산당 사건에 관련되어 대판재판소로 압송되었다.

35 「피고 등의 요구는 거절, 결국 분리 심리키로, 고집 세는 피고들은 퇴정 명령, 조봉
암 등의 공판」, 〈매일신보〉 1933년 11월 16일.

36 「'심리를 거부하면 예심 조서에 의거', 돌이어 피고 등에게 불리라 하자 피고 등 흥
분 불청(不聽)」, 〈조선중앙일보〉 1933년 11월 17일.

37 「통일 답변 문제로 피고 등의 심리 부진」, 〈조선중앙일보〉 1933년 11월 20일.

38 「조공단 일당 판결 구형보다 중형 언도」, 〈조선일보〉 1933년 12월 28일.

39 「해외 투쟁의 혈극사, 화북서 온 여투사 김명시 회견기」, 〈해방일보〉 1945년 12월
28일.

40 염인호, 앞의 책, 239쪽.

41 염인호, 위의 책, 242쪽.

42 무정, 『화북조선독립동맹 공작 경과보고』, 1132쪽(염인호, 위의 책, 237쪽 재인용).

43 이만규, 『여운형선생투쟁사』, 민주문화사, 1947, 171~172쪽.

44 「조봉암 등 17명 예심종결결정서, 그 전문은 여좌하다(1)」, 〈조선중앙일보〉 1933년 6월 4일 ; 「단일공당재건사건 예심결정서 전문(1)」, 〈동아일보〉 1933년 6월 3일.

45 하성환, 「불꽃처럼 살다가 비극적으로 생을 마감한 항일혁명가 김명시」, 『한겨레 : 온』, 2020년 11월 2일.

46 김진호·박이준·박철규, 『한국독립운동의 역사 20 : 국내 3·1운동 Ⅱ—남부』, 독립기념관 한국독립운동사연구소, 2009, 271~272쪽.

47 강만길·성대경 엮음, 『한국사회주의운동 인명사전』, 창작과비평사, 1996, 150쪽.

48 강만길·성대경 엮음, 위의 책, 150~151쪽.

3 조원숙 : 새 세대는 새 사람들의 것이오

1 조원숙, 「의분공분심담구상 통쾌!! 가장 통쾌하엿든 일 —교군 타고 도망 올 때」, 『별건곤』 제8호, 1927, 57~58쪽.

2 초사, 「현대여류사상가들(3), 붉은 연애의 주인공들」, 『삼천리』 제17호, 1931, 18쪽.

3 「근화학우회 조직」, 〈매일신보〉 1923년 5월 18일.

4 「질의응답」, 〈동아일보〉 1924년 1월 22일.

5 「근화학우회 음악연극회」, 〈동아일보〉 1923년 9월 4일 ; 「연기되었던 음악과 연극」, 〈동아일보〉 1923년 9월 16일.

6 「음악회의 대성황」, 〈조선일보〉 1923년 9월 23일.

7 유미, 「1920~30년대 근화여학교의 연극 활동」, 덕성여자대학교 인문과학연구소 편, 『인문과학연구』 제29집, 2019, 284쪽.

8 유미, 위의 글, 284~285쪽.

9 「조선여자교육회의 남선순회연극」, 〈동아일보〉 1923년 11월 7일.

10 관상자, 「명남명녀 숨은 장끼 세모 여흥경기대회」, 『별건곤』 제10호, 1927, 132쪽.

11 「여자교육협회 연극단」, 〈조선일보〉 1923년 12월 14일.

12 관상자, 「사랑이 잡아간 여인군」, 『별건곤』 제57호, 1932, 40쪽 ; 「정간 중의 사회
   상 2」, 〈조선일보〉 1925년 10월 20일 ; 「근화학교 당국자에게」, 〈동아일보〉 1925
   년 10월 20일.

13 관상자, 「사랑이 잡아간 여인군」, 40쪽.

14 송찬섭 외, 『근대로의 전환─새로운 시공간의 탄생과 삶의 변화』, 지식의날개,
   2018, 151쪽.

15 TY生, 「사회운동단체의 현황─단체·강령·사업·인물」, 『개벽』 제67호, 1926, 55쪽.

16 「여성운동자대회 5월 중에 개최하기로 결정, 여성동우회 총회에서 결의」, 〈시대일
   보〉 1926년 3월 6일 ; 「여성동우회 정총」, 〈동아일보〉 1926년 3월 6일.

17 「정종명 여사 일행 재령 여성강연의 성황, 주의·중지·해산명령」, 〈매일신보〉
   1926년 4월 7일 ; 「주의, 중지, 해산」, 〈조선일보〉 1926년 4월 4일.

18 「경성여청과 여청동맹 양 단체 합동, 여성단체로부터 시작되는 조선 사회운동선
   의 통일! 회명은 중앙여자청년동맹」, 〈중외일보〉 1926년 12월 7일 ; 「양 여청의
   합동총회」, 〈조선일보〉 1926년 12월 7일.

19 「한양청년 방향 전환 결의, 그 후에 청년운동도 방향 전환」, 〈중외일보〉 1927년
   4월 30일 ; 「집회 금지 해제된 한양청년위원회 금후 방침을 철저 강구」, 〈조선일
   보〉 1927년 4월 29일.

20 박철하, 『한국독립운동의 역사 30 : 청년운동』, 독립기념관 한국독립운동사연구
   소, 2009, 66쪽.

21 박철하, 위의 책, 67쪽.

22 「재경 청년단체 국제청년일 기념」, 〈중외일보〉 1927년 8월 31일 ; 「국제청년일 기
   념」, 〈조선일보〉 1927년 8월 31일.

23 「금지, 중지에 중(中) 각 대의원의 열화」, 〈동아일보〉 1927년 10월 7일.

24 조원숙, 「[내가 남자면, 내가 여자면] 내가 남자면!!」, 『별건곤』 제10호, 1927,
   94~95쪽.

25 「선구 여성들의 신년 신기염─협동 전선을 지지하자, 조원숙 담」, 〈동아일보〉

1928년 1월 1일.

26 「여성 조원숙 씨 또 종로서에서 작(昨) 10일 아츰에」, 〈시대일보〉 1926년 7월 12일.

27 「형사대팔방으로 활동, 일단락된 시국 또 소연」, 〈조선일보〉 1926년 6월 23일.

28 장석흥, 『한국독립운동의 역사 40 : 6·10만세운동』, 독립기념관 한국독립운동사
연구소, 2009, 134쪽.

29 이준석, 『한국독립운동의 역사 43 : 조선공산당 성립과 활동』, 독립기념관 한국독
립운동사연구소, 2009, 130쪽.

30 「종로서 철야 대검거, 작조(昨朝)까지 24~25인」, 〈동아일보〉 1928년 2월 4일 ;「종
로서 고등계에서 공산계 인물 30명 검거, 종로경찰서에서 공산계 인물을 대검거,
조기승 외 4명은 석방」, 〈매일신보〉 1928년 2월 4일.

31 「수십 처 가택 수색, 모 중대 서류 발견」, 〈동아일보〉 1928년 2월 4일.

32 「종로서 대검거 축일 확대, 주야로 계속 활동, 관계 관청도 사건을 의문시」, 〈동아
일보〉 1928년 2월 5일.

33 「고문경관 고소 사건 제1차 증인 호출」, 〈동아일보〉 1927년 11월 10일.

34 「고문경관 고소로 경찰 측 물의 분분」, 〈동아일보〉 1927년 10월 18일.

35 「경고! 경고! 경고! 눈발같이 날아오는 각 단 경고 오육백 통」, 〈조선일보〉 1927년
11월 13일.

36 강만길·성대경 엮음, 『한국사회주의운동 인명사전』, 창작과비평사, 1996, 272쪽.

37 이준석, 앞의 책, 2009, 184쪽.

38 「여류 혁명가를 찾어서 : 폭풍전야에 헤어져 기다릴 길 없는 남편─조원숙 여사
편」, 〈독립신보〉 1946년 11월 20일.

39 관상자, 「경성명류, 인물백화집」, 『별건곤』 27, 1930 ; 편집부, 「가인춘추 : 촌부인
된 조원숙 여사」, 『삼천리』 제4권 제5호, 1932 ; 백운거사, 「행방탐색」, 『삼천리』
제4권 제8호, 1932.

40 「상해에서 돌아온 조원숙 여사 소환」, 〈조선일보〉 1931년 6월 4일.

41 「여류 혁명가를 찾어서 : 폭풍전야에 헤어져 기다릴 길 없는 남편─조원숙 여사
편」, 〈독립신보〉 1946년 11월 20일.

42 한상구, 「일제 시기·해방 직후 경남 지역 사회주의운동의 맥─3·1운동 참가부터 경남 여맹위원장, 북한 최고인민회의 대의원을 지낸 권은해 일대기」, 『역사비평』 제10호, 1990, 387쪽.

43 「삼천만 조선 동포 관심의 표적, 미소공동위원회 작일 개회 부녀동맹 조원숙 씨」, 〈자유신문〉 1946년 1월 17일.

44 홍종희, 「위대한 인민의 지도자─유영준 선생론」, 『여성공론』 제4호, 1947, 31~33 쪽(『아단문고 미공개 자료 총서 2014』 22권).

45 조원숙, 「인민의 지도자 칸 유영준론─덕의의 인 불요의 투사, 조선 여성의 선구 유영준 선생」, 〈노력인민〉 1947년 7월 1일(김성동, 『꽃다발도 무덤도 없는 혁명가 들』, 박종철출판사, 2014, 719쪽에서 재인용).

46 김성동, 위의 책, 717쪽.

47 「두 늙은 마타하리 체포」, 〈동아일보〉 1956년 11월 2일.

48 한상구, 앞의 글, 401~402쪽.

49 권은해의 증언에 따르면 조원숙과 권은해는 1955년에 체포되었다. 이들에 대한 체포 신문 보도는 1956년이다. 한상구, 위의 글, 402쪽.

50 「간첩 4명을 체포」, 〈경향신문〉 1956년 11월 2일.

4 강정희 : 고국이 그리워서 찾아오다

1 「여성운동의 전위들 : 전 근우회 위원, 강정희 씨」, 『신가정』 제1권 4호, 1933, 55 쪽(『아단문고 미공개 자료 총서 2014』 2권).

2 정운현, 『조선의 딸, 총을 들다』, 인문서원, 2016, 246쪽.

3 정운현, 위의 책, 247쪽.

4 「노어연구 개강」, 〈동아일보〉 1925년 10월 25일.

5 「여성계 을축 1년 잡관 3」, 〈동아일보〉 1926년 1월 5일.

6   이임하, 『조선의 페미니스트』, 철수와영희, 2019, 85쪽.

7   「양씨(兩氏) 동정 강좌, 여자 상조회를 위하여」, 〈시대일보〉 1925년 12월 28일.

8   「국제무산부인일 기념강연회 3월 8일 밤 7시」, 〈중외일보〉 1927년 3월 5일.

9   「사선에 함(陷)한 조선 민족의 활로 : 구습 타파 투쟁 의식을 교양, 중앙여자청년동
    맹 강정희 씨 담」, 〈조선일보〉 1927년 1월 1일.

10 「학교 당국은 진퇴유곡의 궁상」, 〈동아일보〉 1927년 7월 2일.

11 강만길·성대경 엮음, 『한국사회주의운동 인명사전』, 창작과비평사, 1996, 371쪽.

12 「용산서 사건은 독서회 중심, 결사 조직 전에 발각된 사실, 주모 李를 극력 수색」,
    〈중외일보〉 1930년 9월 11일.

13 「박람회 기회로 재작년 잠입」, 〈동아일보〉 1931년 12월 10일 ; 「남녀 학생별 세포
    를 조직」, 〈조선일보〉 1931년 12월 10일.

14 「옥중 명류 여성의 편지 공개」, 『신여성』 제5권 9호, 1931, 54쪽(『부인·신여성』 영
    인본, 케포이북스, 2009).

15 「창립 기념 거행, 진주 화공조에서」, 〈동아일보〉 1926년 5월 29일.

16 「주모 강아그니아 장시간 일문일답」, 〈조선일보〉 1932년 2월 24일.

17 「주범 강아그니아부터 심문 개시」, 〈중앙일보〉 1932년 2월 24일.

18 강이수, 「일제하 근대 여성 서비스직의 유형과 실태」, 『페미니즘 연구』 제5호,
    2005, 110쪽.

19 「돈벌이하는 여자 직업 탐방기 9 : 새로 살림을 발견한 듯 덤비는 '카페'의 '웨트레
    쓰' 설움」, 〈동아일보〉 1928년 3월 4일.

20 서지영, 「노동과 유희의 경계 : 식민지 시대 카페 여급」, 『여/성이론』 제18호, 2008,
    174쪽.

21 김정숙, 「나는 왜 이렇게 됐나 : 나는 왜 여급이 되었나」, 『별건곤』 제47호, 1932,
    20쪽.

22 강정희, 「여급도 직업 부인인가」, 『신여성』 제6권 10호, 1932, 21쪽(『부인·신여
    성』 영인본, 케포이북스, 2009).

23 성동생, 「여성의 직업과 결혼」, 〈동아일보〉 1929년 3월 24일.

24 「조선인민공화국, 경성시 인민위원 발표」, 〈매일신보〉 1945년 9월 11일.

25 임유경, 「조소문화협회의 출판 번역 및 소련 방문 사업 연구―해방기 북조선의 문화·정치적 국가 기획에 대한 문제제기적 검토」, 『대동문화연구』 제66집, 성균관대 대동문화연구원, 2009, 485쪽.

26 임유경, 위의 글, 488쪽.

27 류기현, 「쏘련을 향하여 배우라―1945~1948년 조소문화협회의 조직과 활동」, 『대동문화연구』 제98집, 성균관대 대동문화연구원, 2017, 109쪽.

5 이경희 : 나는 여성운동에 취미를 가지고 있다

1 「어귀조 봉축일에」, 〈동아일보〉 1921년 9월 30일

2 국사편찬위원회, 「권익수 신문 조서」 1925년 9월 29일, 『한민족독립운동사자료집』 제55권, 2003.

3 「보건과 취미 육아와 결혼(7) : 이경희 여사」, 〈조선일보〉 1928년 11월 25일.

4 「생활난이 원인 될 것, 가정 부인 이경희 씨 담」, 〈중앙신문〉 1946년 1월 31일.

5 「보건과 취미 육아와 결혼(7) : 이경희 여사」, 〈조선일보〉 1928년 11월 25일.

6 「조선 문화사상의 거업 정다산 전집 완성」, 〈조선일보〉 1938년 10월 28일.

7 조규태, 「권태휘의 생애와 민족운동」, 『한국민족운동사연구』 제96호, 2018, 160쪽.

8 「보건과 취미 육아와 결혼(7) : 이경희 여사」, 〈조선일보〉 1928년 11월 25일.

9 「시내 통신」, 〈동아일보〉 1924년 10월 28일.

10 「여자 토론 성황」, 〈시대일보〉 1925년 6월 22일.

11 「보화학원 확장」, 〈조선일보〉 1926년 11월 10일.

12 「반도여자학원의 대확장」, 〈조선일보〉 1926년 5월 5일.

13 「근우 경성지회 설치대회 제의안, 24일 오후에 거행, 남자는 방청권 필요」, 〈중외일보〉 1928년 3월 24일.

14 「근우 경성지회 제1회위원회」, 〈동아일보〉 1928년 4월 5일(이임하, 『미래는 우리의 것이다』, 철수와영희, 2021, 144쪽).

15 「근우회 기념강연, 3주년 기념」, 〈조선일보〉 1930년 5월 22일.

16 이경희, 「여성해방에 대하여」, 『혁명』 제1권 1호, 1946, 14쪽(김남식·이정식·한홍구 엮음, 『한국현대사 자료 총서』 9, 돌베개, 1986).

6 이계순 : 부녀 대중의 완전한 해방 없이는 참된 민주주의 건설 없다

1 편집부, 「피녀(彼女)들의 옥중 통신 : 이계순」, 『여인』 제1권 제1호, 1932, 47~48쪽(『아단문고 미공개 자료 총서 2014』 25권).

2 임수경, 「식민지 조선, 식민본국인(일본인)에 의한 에스페란토 보급과 그 의미 — 오야마 도키오(大山時雄)를 중심으로」, 한국문학언어학회, 『어문논총』 제78호, 2018, 54쪽.

3 울리히 린스, 『위험한 언어』, 최만원 옮김, 갈무리, 2013, 171쪽.

4 울리히 린스, 위의 책, 170쪽.

5 「감옥이냐 공장이냐, 이말순의 편지」, 『여인』 제1권 제4호(9월호), 1932, 26쪽(『아단문고 미공개 자료 총서 2014』 25권).

6 「각도 책임자 중요 간부 결정」, 〈동아일보〉 1933년 4월 28일.

7 「송봉욱은 도주타 중상까지」, 〈조선일보〉 1933년 4월 28일.

8 「여강은 부활 남강은 폐지」, 〈동아일보〉 1928년 2월 2일.

9 「대중 훈련을 여하히 할까 : 노농 양층의 속으로 — 황신덕」, 〈조선일보〉 1928년 1월 1일.

10 「대중 훈련을 여하히 할까 : 농촌 순회와 문맹 퇴치 — 정종명」, 〈조선일보〉 1928년 1월 1일.

11 「그들의 하휴 독서와 그 독후감」, 『신가정』 제2권 10호, 1934, 29~33쪽(『아단문

고 미공개 자료 총서 2014』 7권).

12 김옥란, 「근대여성 주체로서의 여학생과 독서 체험」, 『상허학보』 13, 2004, 269쪽.

13 「근우대구지회 성황으로 설치」, 〈동아일보〉 1928년 2월 27일.

14 「근우회원이 대구서에 피검. 비밀리에 취조」, 〈조선일보〉 1930년 3월 2일.

15 「신간 근우 삼 위원 대구서에서 취조, 사건은 비밀이라고 한다」, 〈중외일보〉 1930
년 6월 23일.

16 「근우 집회 금지와 서면대회의 준비」. 〈조선일보〉 1930년 10월 2일.

17 「농촌 문맹 퇴치와 미신과 인습을 타파」, 〈동아일보〉 1930년 12월 20일.

18 「공산주의자협의회 조직코 공산당 재건을 획책한」, 〈중앙일보〉 1932년 2월 18일.

19 「각 도 책임자 중요 간부 결정」, 〈동아일보〉 1933년 4월 28일.

20 이임하, 『조서의 페미니스트』, 철수와영희, 2019, 99쪽.

21 「어린이날을 기회한 모종 계획이 탄로」, 〈동아일보〉 1931년 4월 28일.

22 「공산당재건 관계자 16명 기소 결정」, 〈매일신보〉 1932년 3월 2일.

23 「조선내공작위원회 예심결정서 전문 (1)」, 〈동아일보〉 1933년 4월 29일.

24 이말순은 1932년 2월에 검거되었다. 따라서 소화6년이 아닌 소화7년의 오기이다.

25 「예산 성립만 되면 조선도 보상법 실시」, 〈조선일보〉 1932년 1월 7일.

26 「공작위원회 면소자 보상 청구가 가능? 부?」, 〈동아일보〉 1933년 5월 5일.

27 「투지를 과시, 신춘 벽두 전평 총회」, 〈독립신보〉 1947년 1월 7일 ; 「테러 방지 위
해 시민생명재산안전위원회 조직」, 〈자유신문〉 1947년 3월 12일.

28 「예비검속 아니다」, 〈동아일보〉 1947년 8월 14일.

29 「정칠성 씨 구류 처분, 피검된 여맹 간부 소식」, 〈조선중앙일보〉 1947년 8월 27일.

30 「홍증식 씨 등 불기소」, 〈조선중앙일보〉 1947년 11월 22일.

31 이계순, 「북조선 남녀동등권 법령 실시와 그 후 실정」, 『부인』 제2권 2호, 1947,
6~7쪽.

32 「남녀평등법령안, 여맹서 러 장관에게 건의」, 〈중외신보〉 1947년 3월 26일.

7 이경선 : 여성의 참가 없이 전 민족 해방의 완성은 어렵다

1 이경선, 「조선 여성에게 호소함」, 『개벽』 제73호, 1946, 85쪽.

2 이경선, 위의 글, 88쪽.

3 「사설 : 독립과 부녀의 사명」, 〈대동신문〉 1946년 2월 8일.

4 「부녀시국강연」, 〈조선인민보〉 1945년 11월 25일.

5 「부녀시국강연」, 〈중앙신문〉 1946년 1월 10일.

6 제주4·3연구소, 『4·3장정』 1990년 4월 1일(이승희, 「한국여성운동사 연구 : 미군 정기 여성운동을 중심으로」, 이화여자대학교대학원 정치외교학과 박사학위논문, 1991, 81쪽 재인용).

7 김웅철, 「이도일」, 디지털서귀포문화대전(http://seogwipo.grandculture.net).

8 이승희, 앞의 논문, 80쪽.

9 「읍면 대의원 300여 명 참집하 '부동(婦同)' 성황리 결성!」, 〈제주신보〉 1947년 1월 28일.

10 박유리, 「'4·3 불량 위패' 공격받는 이신호… 그는 불량한 희생자인가」, 〈한겨레〉 2015년 3월 29일.

11 양정심, 「1947년 제주3·1기념대회 주도 세력에 대한 소고」, 『4·3과 역사』 제17호, 2017, 211쪽.

12 「오 의사 석방, 부동(婦同) 간부도 석방」, 〈제주신보〉 1947년 4월 2일.

13 김창후, 「한 많고 탈 많은 변방 제주… 현대사의 산증인」, 〈헤드라인 제주〉 2013년 6월 20일.

14 김창후, 위의 글.

15 「종로서 고등계 긴장, 남녀 학생 등 검거, 사건의 내용은 절대 비밀이나 결사 사건 탄로인 듯」, 〈매일신보〉 1933년 1월 15일.

16 「공장층에서 활약튼 대담한 인테리 여성」, 〈조선중앙일보〉 1935년 8월 24일.

17 「100여 학생 맹휴 제주 대정공보」, 〈동아일보〉 1927년 5월 18일.

18 「공보생 맹휴, 교장과 교원 배척」, 〈동아일보〉 1927년 5월 22일.

19 장규식, 『한국독립운동의 역사 39 : 1920년대 학생운동』, 독립기념관 한국독립운
　동사연구소, 2009, 212쪽.

20 정세현, 『항일학생민족운동사연구』, 일지사, 1975, 272~277쪽(장규식, 위의 책,
　212~213쪽 재인용).

21 「동덕여자고등보생에 관한 독서회 검거의 건—경종경고비 제1963호」 1933년
　2월 20일, 『사상에 관한 정보철(경찰)』, 국사편찬위원회.

22 위의 문서.

23 박한용, 「일제강점기 조선 반제동맹 연구」, 고려대학교대학원 한국사학과 박사학
　위논문, 2012, 182~183쪽.

24 「공장층에서 활약튼 대담한 인테리 여성」, 〈조선중앙일보〉 1935년 8월 24일.

25 「부내 각 여학교 적색독서회, 숙명여생 취조로 판명되어 여학생 수명 인치」, 〈매일
　신보〉 1933년 12월 15일.

26 양지수, 「1920년대 후반 사회주의 계열 학생운동 연구」, 연세대학교 교육대학원
　공통사회교육전공, 2006, 30~32쪽.

27 박한용, 앞의 논문, 269쪽.

28 김경일, 『이재유—나의 시대 나의 혁명』, 푸른역사, 2007, 69쪽.

29 최규진, 『한국독립운동의 역사 44 : 조선공산당 재건운동』, 독립기념관 한국독립
　운동사연구소, 2009, 97쪽, 143~144쪽.

30 김웅철, 「이경선」, 디지털서귀포문화대전.

31 「숙명여고보 내의 적색독서회 발로」, 〈조선중앙일보〉 1933년 12월 15일.

32 김경일, 『이재유 연구』, 89~91쪽(박한용, 앞의 논문, 278쪽 재인용). 맹휴 시기는
　일간 신문 보도에 따라 수정했다.

33 김지수, 「1930년대 초반 학생운동가에서 사회주의자로의 성장 과정—경성트로
　이카 학생부를 중심으로」, 전북대학교대학원 사학과 석사학위논문, 2022, 35쪽.

34 「동덕여고보 4년생 동요」, 〈매일신보〉 1933년 7월 4일.

35 「동덕여교 분규, 학교 측 태도 의연 강경하여」, 〈매일신보〉 1933년 7월 7일.

36 「거사 전에 발각된 숙명여교 동요」, 〈매일신보〉 1933년 11월 21일.

37 「학교 동요에 단호한 태도」, 〈조선신문〉 1933년 11월 23일.

38 「공장층에서 활약튼 대담한 인테리 여성」 〈조선중앙일보〉 1935년 8월 24일.

39 「권영태 등 34명 명일부터 공판 개정」, 〈동아일보〉 1935년 11월 22일.

40 「사건의 개요, 경무국 발표」, 〈동아일보〉 1935년 8월 24일.

41 「권영태 등 34명 명일부터 공판 개정」, 〈동아일보〉 1935년 11월 22일.

42 「권영태 등 34명 공판일 확정」, 〈동아일보〉 1935년 10월 19일.

43 경기도지사, 「성대(城大) 교수 미야케 시카노스케(三宅鹿之助)를 중심으로 한 선내 (鮮內) 적화공작 사건 검거에 관한 건―경고특비(警高特秘) 제2410호」, 1934년 8월 31일, 『경찰정보철 공(拱)』, 국사편찬위원회.

44 「국제공산당 예심결정 전문(완), 권영태 등 34명」, 〈동아일보〉 1935년 9월 4일.

45 최규진, 앞의 책, 2009, 163쪽.

46 독립운동사편찬위원회, 『독립운동사자료집 별집 3: 재일본 한국인 민족운동 자료 집』, 1978, 701쪽.

47 제주4·3연구소, 『4·3장정』 1990년 8월 11일, 35쪽(이승희, 앞의 논문, 80~81쪽 재인용).

48 박경식(朴慶植) 편, 『재일조선인관계자료집성(在日朝鮮人關係資料集成)』 제4권, 삼일서방(三一書房), 1976, 980쪽.

참고문헌

- 네이버 뉴스 라이브러리(https://newslibrary.naver.com)
- 대한민국 신문 아카이브(https://www.nl.go.kr/newspaper)
- 디지털서귀포문화대전(http://seogwipo.grandculture.net)
- 서암정사 홈페이지(www.sueam.net)
- 한국독립운동정보시스템(독립기념관, https://search.i815.or.kr)
- 한국학자료통합플랫폼(한국학중앙연구원, http://kdp.aks.ac.kr)

자료

- 경기도지사, 「성대(城大) 교수 미야케 시카노스케(三宅鹿之助)를 중심으로 한 선내(鮮內) 적화공작 사건 검거에 관한 건—경고특비(警高特秘) 제2410호」, 1934년 8월 31일, 『경찰정보철 공(拱)』, 국사편찬위원회.
- 「동덕여자고등보생에 관한 독서회 검거의 건—경종경고비 제1963호」, 1933년 2월 20일, 『사상에 관한 정보철(소화 8년)』, 국사편찬위원회.
- 「중령에서 진행된 조선해방운동(1907~1919년 3·1운동 전후)」, 『독립운동가 자료 이인섭 수기류』, 1-012254-111(독립기념관)
- 국회사무처, 『국회회의록』
- 독립기념관, 『독립운동가 자료 이인섭 수기류』
- 박경식(朴慶植) 편, 『재일조선인관계자료집성(在日朝鮮人關係資料集成)』 제4권, 삼일서방(三一書房), 1976.
- 최계립, 「간도15만원 사건에 대한 40주년을 맞으면서」, 『해외의 한국독립운동사료』 (독립기념관 공훈전자사료관)
- 홍상표, 『간도독립운동소사』, 독립기념관(9-LH0017-000)

신문

〈가정신문〉, 〈경상일보〉, 〈경향신문〉, 〈권업신문〉, 〈대한매일신보〉, 〈동아일보〉, 〈독립신보〉, 〈서울신문〉, 〈산업신문〉, 〈수산경제신문〉, 〈시대일보〉, 〈신조선보〉, 〈매일신보〉, 〈법보신문〉, 〈부인신문〉, 〈불교포커스〉, 〈여성신문〉, 〈연합신문〉, 〈영남일보〉, 〈우리신문〉, 〈인민평론〉, 〈자유신문〉, 〈제주신보〉, 〈전국노동자신문〉, 〈조선중앙일보〉, 〈조선인민보〉, 〈조선일보〉, 〈중외신보〉, 〈중외일보〉, 〈중앙일보〉, 〈중앙신문〉, 〈한성일보〉, 〈황성신문〉, 〈한인신보〉, 〈헤드라인 제주〉, 〈현대일보〉, 〈해방일보〉

잡지

· 『국민보』, 『동광』, 『별건곤』, 『삼천리』, 『실업지조선』, 『혜성』(국사편찬위원회)

· 『근우』, 『신가정』, 『여성공론』, 『여성지우』, 『여인』, 『여자지남』, 『여자계』(아단문고 기획실, 『아단문고 미공개 자료 총서 2014』, 소명출판사)

· 『신세대』 『신천지』 1946. 5.(김남식, 이정식, 한홍구 엮음, 『한국현대사 자료 총서』, 돌베개)

· 『생활문화』 『인민평론』 『만국부인』 『한겨레 : 온』

단행본

· 강만길·성대경 엮음, 『한국사회주의운동 인명사전』, 창작과비평사, 1996.

· 국사편찬위원회 편, 『자료 대한민국사』 제1권, 1968.

· 국사편찬위원회 편, 『한민족독립운동사자료집』 제51권, 2002.

· 국사편찬위원회 편, 『한민족독립운동사자료집』 제55권, 2003.

· 김경일, 『이재유 연구 : 1930년대 서울의 혁명적 노동운동』, 창작과비평사, 1993.

· 김경일, 『이재유―나의 시대 나의 혁명』, 푸른역사, 2007.

· 김경일 외, 『한국 근대 여성 63인의 초상』, 한국학중앙연구원 출판부, 2015.

· 김병기·반병률, 『한국독립운동의 역사 21 : 국외 3·1운동』, 독립기념관 한국독립운동사연구소, 2009.

· 김성동, 『꽃다발도 무덤도 없는 혁명가들』, 박종철출판사, 2014.

· 김진호·박이준·박철규,『한국독립운동의 역사 20 : 국내 3·1운동 II ― 남부』, 독립
기념관 한국독립운동사연구소, 2009.

· 김준엽·김창순,『한국공산주의운동사』 2, 청계연구소, 1986.

· 김준엽·김창순,『한국공산주의운동사』 5, 청계연구소, 1986.

· 김희곤,『한국독립운동의 역사 23 : 대한민국임시정부 1 ― 상해 시기』, 독립기념관
한국독립운동사연구소, 2008.

· 독립운동사편찬위원회 편,『독립운동사』 7, 1976.

· 독립운동사편찬위원회,『독립운동사 자료집 별집 3 : 재일본한국인민족운동자료
집』, 1978.

· 박용옥,『한국 여성 항일운동사 연구』, 지식산업사, 1996.

· 반병률,『한국독립운동의 역사 49 : 1920년대 전반 만주 러시아 지역 항일무장투
쟁』, 독립기념관 한국독립운동사연구소, 2009.

· 박철하,『한국독립운동의 역사 30 : 청년운동』 독립기념관 한국독립운동사연구소,
2009.

· 성대경 엮음,『시대를 앞서 간 사람들』, 선인, 2014.

· 송찬섭 외,『근대로의 전환 ― 새로운 시공간의 탄생과 삶의 변화』, 지식의날개, 2018.

· 염인호,『한국독립운동의 역사 53 : 조선의용대 조선의용군』, 독립기념관 한국독립
운동사연구소, 2009.

· 오제도,『사상검사의 수기』, 창신문화사, 1957.

· 울리히 린스,『위험한 언어』, 최만원 옮김, 갈무리, 2013.

· 윤병석,『한국독립운동의 역사 16 : 1910년대 국외 항일운동 1 ― 만주, 러시아』, 독
립기념관 한국독립운동사연구소, 2009.

· 이만규,『여운형선생투쟁사』, 민주문화사, 1947.

· 이임하,『해방공간, 일상을 바꾼 여성들의 역사』, 철수와영희, 2015.

· 이임하,『조선의 페미니스트』, 철수와영희, 2019.

· 이임하,『미래는 우리의 것이다 ― 한국페미니즘의 기원, 근우회』, 철수와영희, 2021.

· 이정박헌영전집편집위원회,『이정 박헌영 전집』 4, 역사비평사, 2004.

· 이정박헌영전집편집위원회, 『이정 박헌영 전집』 8, 역사비평사, 2004.

· 이준석, 『한국독립운동의 역사 43 : 조선공산당 성립과 활동』, 독립기념관 한국독립
운동사연구소, 2009.

· 임경석, 『이정 박헌영 일대기』, 역사비평사, 2004.

· 장석흥, 『한국독립운동의 역사 40 : 6·10만세운동』, 독립기념관 한국독립운동사연
구소, 2009.

· 전명혁, 『1920년대 한국사회주의 운동연구』, 선인, 2006.

· 정세현, 『항일학생민족운동사연구』, 일지사, 1975.

· 정요섭, 『한국여성운동사』, 일조각, 1974.

· 정운현, 『조선의 딸, 총을 들다』, 인문서원, 2016.

· 조선통신사, 『1948년 조선연감』, 보성사, 1947.

· 박경식 편, 『재일조선인관계자료집성』 제4권, 삼일서방, 1976. (독립기념관)

· 최규진, 『한국독립운동의 역사 44 : 조선공산당 재건운동』, 독립기념관 한국독립운
동사연구소, 2009.

· 최은희, 『한국 근대여성사』 下, 추계최은희문화사업회, 2003.

· 황민호·홍선표, 『한국독립운동의 역사 22 : 3·1운동 직후 무장투쟁과 외교 활동』,
독립기념관 한국독립운동사연구소, 2008.

논문

· 강이수, 「일제하 근대 여성 서비스직의 유형과 실태」, 『페미니즘 연구』 제5호, 2005.

· 김광식, 「조선불교여자청년회의 창립과 변천」, 『한국근현대사연구』 제7호, 1997.

· 김광식, 「조선불교청년회의 사적 고찰」, 『한국불교학』 제19호, 1994.

· 김남수, 「부인선우회 활동과 해방공간 여성불교운동의 선구자, 우봉운」, 『불교포커
스』, 2012년 8월 3일.

· 김득중, 「한국전쟁 전후 육군 방첩대(CIC)의 조직과 활동」, 『전쟁 속의 또 다른 전
쟁』, 선인, 2011.

· 김옥란, 「근대여성 주체로서의 여학생과 독서 체험」, 『상허학보』 제13호, 2004.

· 김지수, 「1930년대 초반 학생운동가에서 사회주의자로의 성장 과장―경성트로이카 학생부를 중심으로」, 전북대학교대학원 사학과 석사학위논문, 2022.

· 류기찬, 「쏘련을 향하여 배우라―1945~1948년 조소문화협회의 조직과 활동」, 『대동문화연구』 제98집, 성균관대 대동문화연구원, 2017.

· 반병률, 「러시아 연해주 지역 항일여성운동 1909~1920」, 『역사문화연구』 제23집, 2005.

· 박철하, 「고려공산청년회의 조직과 활동(1920~1928)」, 『한국근현대청년운동사』, 풀빛, 1995.

· 박한용, 「일제강점기 조선 반제동맹연구」, 고려대학교대학원 한국사학과 박사학위논문, 2012.

· 박혜란, 「1920년대 사회주의 여성운동의 조직과 활동」, 이화여자대학교대학원 석사학위논문, 1992.

· 배상미, 「식민지 조선에서의 콜론타이 논의의 수용과 그 의미」, 『여성문학연구』 제33호, 2014.

· 서지영, 「노동과 유희의 경계 : 식민지 시대 카페 여급」, 『여성이론』 제18호, 2008.

· 양정심, 「1947년 제주3·1기념대회 주도세력에 대한 소고」, 『4·3과 역사』 제17호, 2017.

· 양지수, 「1920년대 후반 사회주의계열 학생운동연구」, 연세대학교 교육대학원 공통사회교육전공, 2006.

· 우동수, 「조선공산당 재건운동과 코민테른」, 『일제하 사회주의 운동사』, 한길사, 1991.

· 유미, 「1920~30년대 근화여학교의 연극활동」, 덕성여자대학교 인문과학연구소편, 『인문과학연구』 제29호, 2019.

· 이상경, 「1930년대 사회주의 여성에 관한 연구 : 경성 꼼그룹 관련 여성들을 중심으로」, 『성평등연구』 제10집, 2006.

· 이성수, 「선학원 설립 주도한 성월스님 유품 (下)」, 『불교신문』 제2601호.

· 이승희, 「한국여성운동사연구」, 이화여자대학교대학원 정치외교학과 박사학위논

문, 1991.

· 이애숙, 「'이재유그룹'의 당재건운동(1933~1936년)」, 『일제하 사회주의 운동사』,
한길사, 1991.

· 이애숙, 「일제말기 반파시즘 인민전선론―경성콤그룹을 중심으로」, 『한국사연구』
제126호, 2004.

· 임경석, 「잡지 "콤무니스트"와 국제선 공산주의그룹」, 『한국사연구』 제126호, 2004.

· 임수경, 「식민지 조선, 식민본국인(일본인)에 의한 에스페란토 보급과 그 의미―오
야마 도키오를 중심으로」, 한국문학언어학회, 『어문논총』 제78호, 2018.

· 임유경, 「조소문화협회의 출판 번역 및 소련방문 사업 연구―해방기 북조선의 문
화·정치적 국가 기획에 대한 문제제기적 검토」, 『대동문화연구』 제66집, 성균관대
대동문화연구원, 2009.

· 조규태, 「권태휘의 생애와 민족운동」, 『한국민족운동사연구』 제96호, 2018.

· 조승미, 『여성주의 관점에서 본 불교수행론 연구 : 한국 여성불자의 경험을 중심으
로』, 동국대 박사학위논문, 2005.

· 하성환, 「불꽃처럼 살다가 비극적으로 생을 마감한 항일혁명가 김명시」, 『한겨레 :
온』, 2020년 11월 2일.

· 한상구, 「일제 시기·해방 직후 경남 지역 사회주의운동의 맥―3·1운동 참가부터
경남 여맹위원장, 북한 최고인민회의 대의원을 지낸 권은해 일대기」, 『역사비평』 제
10호, 1990.

일제에 맞선 페미니스트

제1판 제1쇄 발행일 2023년 10월 16일

글_ 이임하
기획_ 책도둑(박정훈, 박정식, 김민호)
디자인_ 정하연
펴낸이_ 김은지
펴낸곳_ 철수와영희
등록번호_ 제319-2005-42호
주소_ 서울시 마포구 월드컵로 65, 302호(망원동, 양경회관)
전화_ 02) 332-0815
팩스_ 02) 6003-1958
전자우편_ chulsu815@hanmail.net

ISBN 979-11-7153-000-7 93910

철수와영희 출판사는 '어린이' 철수와 영희, '어른' 철수와 영희에게
도움 되는 책을 펴내기 위해 노력합니다.